SURVIVANT DES GLACES

ÉGALEMENT CHEZ POCKET

LATITUDE ZÉRO
À L'ÉCOLE DU GRAND NORD
CONQUÉRANT DE L'IMPOSSIBLE
OBJECTIF : PÔLE NORD DE NUIT
VOULOIR TOUCHER LES ÉTOILES
L'ANTARCTIQUE, LE RÊVE D'UNE VIE
SURVIVANT DES GLACES

MIKE HORN

SURVIVANT DES GLACES

L'ultime challenge : la traversée du pôle Nord

Michel LAFON

MIXTE
Papier issu de sources responsables
FSC® C003309

L'éditeur de cet ouvrage s'engage dans une démarche de certification FSC® qui contribue à la préservation des forêts pour les générations futures.

Pour en savoir plus :
www.editis.com/engagement-rse/

ISBN : 978-2-266-32723-7
Dépôt légal : septembre 2022

Aux générations futures
qui n'auront pas la chance
de voir le monde tel que je l'ai vu.

« Les régions polaires laissent sur ceux
qui y ont affronté les pires épreuves
une empreinte dont les hommes
qui n'ont jamais quitté le monde civilisé
peuvent difficilement s'expliquer
la puissance. »

« L'effort humain est quelque chose,
mais c'est dans un esprit d'humilité
que l'homme combat les forces
géantes de la nature. »

Ernest Shackleton

Prologue

« Rien n'est jamais vraiment terminé,
jusqu'à ce que tout soit réellement terminé. »

Un faisceau, au loin, semble déchirer le rideau de la nuit arctique. Et indique la direction à suivre. Ce sont les lumières du *Lance*, l'imposant navire de pêche norvégien venu nous chercher. Au cœur de ces étendues sans horizon ni perspective, tenaillé par le froid, la fatigue et la faim, je fais fi de la prudence la plus élémentaire – cela fait trop longtemps que je n'en peux plus – et je m'élance vers les deux hommes partis à notre rencontre. À l'instinct, sans même réfléchir.

La défaillance se révèle souvent mentale avant d'être physique. Alors que je me décide à avancer, je ne prends pas le temps d'analyser la composition exacte du sol sur lequel je me déplace, encore moins de le sonder. Je ne sens qu'une couche de neige, sans en mesurer l'épaisseur ni tester la solidité de la pellicule de glace qu'elle recouvre. Il y a quelques années, cette strate dépassait les 2,50 mètres, cet hiver, nous avons constaté avec effarement sa finesse… Que peuvent 20 centimètres face au poids d'un homme qui distingue la fin de son supplice ?

Dans un crissement sinistre, la banquise s'effondre sous mes pieds. Immédiatement, je m'enfonce dans l'eau glacée.

Peut-être me reprochera-t-on un jour de faire partie de ces hommes qui, au fil du temps, se sont crus, ou sentis, invincibles. La façon que j'ai depuis des années de frayer avec les dangers ne m'a certes pas rendu immortel, mais le fait de les surmonter m'a probablement procuré un sentiment d'immunité que la nature m'aurait accordé, comme pour rendre hommage aux combats que j'ai remportés en voulant me mesurer à elle.

Il aura pourtant suffi d'un rien pour que l'image que j'avais de moi-même ne se fendille dans le silence hostile d'un bout du monde, pour que les formidables capacités de surhomme que je me prêtais ne s'évanouissent comme des illusions perdues…

C'était il y a moins de deux ans.

Lorsque nous nous étions élancés, Børge Ousland et moi, le 11 septembre 2019, par 85 degrés nord, c'était pour effectuer en deux mois une traversée du pôle Nord sans assistance, et, selon nos plans, parcourir 1 500 kilomètres. Presque une bagatelle au regard de tout ce que nous avions, l'un comme l'autre, déjà réalisé…

Nous sommes aujourd'hui le 8 décembre 2019, et cela fait quatre-vingt-huit jours que nous bataillons contre l'inexorable. Sur nos GPS portables, nous venons de constater que nous avons déjà parcouru plus de 1 600 kilomètres, skis aux pieds, en tractant chacun deux lourds traîneaux.

Même si la noirceur perpétuelle de la nuit polaire recouvrait la blancheur de nos déserts de givre, même si la violence des vents de face nous laissait croire que nous ne progressions pas, même si parfois, parce que la banquise désormais trop fine dérivait comme un lent radeau abandonné aux courants, nous avions eu au fil des jours l'impression de nous éloigner de notre but, nous n'avions pourtant cessé d'avancer et de nous en rapprocher.

Englués de fatigue, désespérés par l'inhospitalité de ces étendues glacées, manquant de nourriture, nos deux corps se sont progressivement retrouvés en survie. Børge et moi, sans que nous ayons besoin de beaucoup échanger, savons que nous ne sommes pourtant plus si loin du *Lance*, le bateau qui doit venir nous récupérer, lorsque, après avoir quitté l'archipel norvégien de Svalbard, il aura terminé de se frayer lentement sa route dans un océan de glace.

Soudain, au loin, nous voyons se détacher son puissant faisceau. Enfin. Comme la lumière d'un phare qui guide les naufragés, comme la bouée d'un sauvetage dont nous commencions à douter : nous ne sommes plus qu'à une vingtaine de kilomètres de notre délivrance. Une distance presque insignifiante à l'échelle de ce que nous venons de vivre.

Car à cet instant, oubliant où je suis et les devoirs que m'impose l'hostilité du Très Grand Nord, je n'ai plus qu'un but : me rapprocher au plus vite du navire venu à notre rencontre. Dans mon dos, j'entends Børge me dire : « Allez, Mike, vas-y ! Va vers le bateau, je vais faire encore quelques images. »

Dans une précipitation, une fébrilité qui me sont habituellement étrangères, je commets un faux pas qui aurait pu se révéler funeste… De toute façon, la fin n'a pas pour habitude de prévenir ceux qu'elle vient chercher.

Je fais mes premiers mètres en tractant mon traîneau quand, dans un craquement sec de vitre qui se brise, la glace lâche sous mon poids, malgré les deux skis qui, jusque-là, lissaient mes mouvements et répartissaient ma portance.

Accrochée à la fine planche en composite, ma jambe gauche s'enfonce d'un coup, comme aspirée par l'eau glacée. Dans un réflexe de survie, je tente de me jeter en arrière pour que mon corps ne soit pas emporté vers le fond et que mon ski droit reste posé sur une surface plus solide que celle qui vient de céder sous ma trace… Dieu merci, le traîneau a stoppé sa course. Suspendu entre deux mondes, je perds la notion du temps. S'arrête-t-il, ou, au contraire, accélère-t-il le rythme régulier de ses battements ? Les croyances populaires peuvent bien raconter qu'avant de trépasser le bientôt-mort voit défiler les grands moments de sa vie, à cet instant, je ne revois rien de mon existence pourtant peu avare en aventures diverses. Je ne ressens pas encore les morsures de l'eau. Elle doit être à – 2 °C, presque chaude au regard de la température extérieure. Mais, alors qu'elle s'immisce au plus profond de mes vêtements puis à même ma peau, je comprends qu'elle s'est juré de geler mon sang. Je suis pris dans un étau liquide, j'ai déjà l'impression de m'enfoncer.

Børge, qui me suit à la caméra infrarouge thermique, a deviné avant moi dans quel drame je suis en train de plonger : l'appareil matérialise les sources de chaleur, et même si l'on ne distingue qu'une étrange gamme chromatique en noir et blanc dans le viseur, plus les températures sont négatives, plus la nuance tire vers le sombre. Autour de nous, il fait − 40 °C, mon partenaire de galère me voit donc entouré d'une noirceur charbonneuse, sauf devant mes pas : là, il constate que la couleur tire vers le gris clair, ce qui signifie qu'il fait nettement moins froid… La température de l'eau qui se cache sous le fragile parquet de neige est certes négative, mais elle est toujours un peu plus chaude que celle de l'air…

Børge comprend l'urgence de la situation en voyant ma silhouette claire disparaître de son écran. Il hurle, mais je n'entends que les vociférations du vent. Puis il accourt. À mon tour, je lui crie de ne pas s'approcher, la zone où je me trouve ne doit pas devenir le cimetière de nos ambitions. Il s'arrête. Je dois m'en sortir seul.

L'erreur n'est pas une option dans la vie que je mène depuis une trentaine d'années, et cette fois elle condamne mon imprudence. La fragilité de la pellicule neigeuse a probablement raison de me crier que je me croyais sans doute plus fort qu'elle ; de me rappeler que ce n'est jamais la nature qui tend des pièges, mais plutôt l'homme trop sûr de lui qui manque à ses devoirs de réserve et de précaution. Cela pourrait me valoir la mort, mais je refuse qu'il en soit ainsi…

Dans mon parcours de guerrier des immensités, mon corps et mon esprit me semblaient être les garants de l'existence ; j'ai toujours trouvé des réponses aux épreuves que la nature dispense autour de l'homme qui veut la soumettre à ses désirs de conquête mais, cette fois, le doute s'instille, venin rapide, poison fatal. Ce n'est pas la première fois que la mort m'appelle. Je crois soudain l'apercevoir dans l'opacité de la longue nuit arctique. Mais je sais que les mains qu'elle me tend ne sont pas celles d'une amie ni celles d'un compagnon de cordée... Il est hors de question de lui offrir mon bras, je n'ai nulle envie d'une dernière valse. Le bal ne fait que commencer !

Me laisser glisser vers l'éternité du néant serait en outre manquer à ce que je considère comme un principe essentiel : ne jamais renoncer à vivre. Car cela consisterait à dire oui à l'inacceptable. Très peu pour moi !

À la résignation, j'ai toujours préféré la révolte.

Ma jambe continue à entraîner vers le fond le poids d'une vie qui menace de s'éteindre. Par des mouvements répétés, je tente de l'extirper de sa gangue liquide, mais chaque fois elle retombe un peu plus profondément ; tandis que mes bras se raccrochent à la glace plus solide que je suis parvenu à empoigner. Il ne sera pas ici, l'inattendu tombeau de mon parcours d'explorateur.

Refuser de mourir et continuer à vivre sont les « pile ou face » de l'étrange pièce que le destin vient de me lancer. À ce petit jeu là, il m'est impossible de perdre. Parce que j'ai appris à ne jamais abandonner, à toujours me relever, ce sol trop friable ne deviendra pas le bourreau craquelé de mes derniers instants. Je ne cesserai jamais de le répéter : « Rien n'est jamais vraiment terminé, jusqu'à ce que tout soit réellement terminé. »

Je ne sais comment je parviens dans un ultime sursaut à me sortir du piège, peut-être parce que j'ai toujours préféré le mouvement à l'inertie, j'effectue une sorte de roulade arrière, j'arrive à extraire mon ski prisonnier et me retrouve enfin sur la partie plus solide de la croûte de glace…

Je suis transi, je grelotte, les zones mouillées de mon corps se raidissent parce que le froid extrême continue son œuvre dévastatrice, mais je suis vivant. Et je vais m'en sortir.

Mon travail de résilience va pouvoir commencer… Parce que le souffle glacé de la mort ne m'a pas seulement frôlé, il m'a envoyé un message.

Étrange écritoire

On pourrait croire qu'il s'agit d'un plateau de table. Mais les apparences se révèlent souvent trompeuses. Long, près de 3 mètres, épais, plus de 8 centimètres, lourd, si lourd même que j'en ignore le poids, ce ne serait ainsi qu'un morceau de bois posé sur des pieds de métal. Non, c'est bien plus que cela.

Dans l'ancien moulin où je vis désormais, au-dessus du lac Léman, cette table ne trône pas simplement au centre de la grande pièce de vie : elle l'habite, elle l'enrichit et lui donne une autre dimension, presque mystique. Il me suffit de la toucher pour que remontent les parfums de mon passé, la saveur de mes joies familiales, le goût amer de mes peines parfois immenses, le bonheur aussi de ce que j'ai déjà vécu en attendant de boucler à nouveau mon sac de voyage.

Ce morceau d'arbre tronçonné, je l'ai découvert il y a bien longtemps alors que je descendais le plus long fleuve du monde à la nage. Il était échoué sur une berge de l'Amazone, près de Manaus. Sans doute échappé de l'un de ces gigantesques radeaux que des bûcherons sans foi ni loi construisent pour descendre les troncs qu'ils ont coupés dans la forêt en toute illégalité. Régulièrement, de formidables trains de bois, charriés par un courant monstrueux pendant des semaines et sur des centaines de kilomètres, suivent ainsi les ordres du fleuve. Dans une progression dantesque et dangereuse qui, normalement, les conduit tant bien que mal jusqu'à Manaus, la capitale de l'Amazonas, la ville de tous les trafics.

Je l'avais vu, je l'avais trouvé superbe, massif, indestructible. Reliquat de cette forêt primaire aujourd'hui menacée par la folie du toujours-plus, vouée depuis tant d'années aux maux d'une humanité sans scrupule, je ne pouvais le laisser là... C'était comme s'il me faisait un signe, à moins que ce ne fût un appel au secours. Parce que cette formidable planche abandonnée m'avait paru être un symbole du monde qui change, et pas toujours dans le bon sens. Parce qu'elle racontait les accidents, les naufrages, les chavirages, les morts parfois qui marbrent la conduite des êtres sans peur, leur goût du lucre, leur soif de mainmise sur la nature, leur refus des lois collectives et protectrices.

Pour ces hommes-là, ni jugement moral ni reproches, car je suis peut-être fait du même bois qu'eux.

C'étaient mes débuts d'explorateur, ma première expédition, même. Je me revois ainsi, amarrant la planche monstrueuse autour d'un arbre, essayant de la cacher aux yeux de ceux qui passeraient et pourraient mettre la main dessus. Je savais que ces bois que les Occidentaux nomment « exotiques » pour oublier qu'ils étaient là avant eux ne pourrissaient pas dans la fange, malgré les marées qui rythment les mouvements de l'eau depuis l'océan jusqu'aux tréfonds de la forêt. Je me suis pris à croire qu'un jour, je la retrouverais.

Une douzaine d'années plus tard, tandis que je remontais le gigantesque fleuve avec de jeunes aventuriers à qui je voulais faire découvrir le sel de mon métier, je suis retourné en direction de l'endroit où je l'avais laissée. J'avais eu la bonne idée de noter les coordonnées GPS sur le petit carnet qui ne me quitte jamais lorsque je pars pour des aventures qui ne ménagent ni l'éloignement ni la solitude. Ce ne fut pas si simple, car l'Amazone est une artère dont les méandres et le cours principal changent au fil du temps et des saisons.

Je l'ai finalement aperçue, cette planche dont je m'imaginais être le salut ; elle était toujours là, un peu abîmée sur le côté, telle que je l'avais laissée, comme je m'en souvenais. Nous l'avons tractée avec le petit Zodiac, puis hissée non sans quelques difficultés à bord de Pangaea, *le voilier qui porte mes désirs de tours du monde.*

Quelques semaines plus tard, j'avais retraversé l'Atlantique et rapporté cette pièce de bois chez nous, en Suisse. Ensemble, avec mon épouse Cathy, qui était encore parmi nous, avec Annika et Jessica, nos deux filles, nous avions décidé d'en faire une table. Longue comme l'amour. Elle est devenue le ferment de notre entente, elle est aujourd'hui le ciment de nos souvenirs.

C'est au moment des repas qu'elle joue son premier rôle. Il faut être là à l'heure dite, comme lorsque j'étais enfant, en Afrique du Sud : j'ai toujours aimé dans un même élan la rigueur de l'horaire imposé et la quiétude de ces instants de partage. Pas de retard, pas d'excuses, manger ensemble, qu'importe le contenu de l'assiette, juste profiter d'un moment de convivialité. Parce que notre monde en manque si cruellement.

Pour prolonger cette éducation de droiture, de ponctualité et de respect que j'ai reçue, j'ai toujours voulu que cette table devienne l'ossature de notre connivence, la soudure matérielle et émotionnelle qui unit nos destins. À quatre, elle est parfaite, à huit, à dix, voire plus, elle l'est tout autant.

Autour de ce plateau devenu centre d'accueil, nous avons fait d'énormes fêtes, dégusté des mets rares, bu des bouteilles extraordinaires... J'en distingue toujours les vestiges et ne veux surtout pas qu'ils disparaissent. La table n'est pas huilée, pas traitée, qu'un verre de rouge se renverse, je m'en moque, parce qu'il devient à cet instant un élément de son histoire et des liens que ce meuble tisse au fil du temps avec tous ceux qui se sont rassemblés autour de lui.

C'est une table qui a des choses à raconter, comme moi. Si les objets inanimés pouvaient rappeler ce qu'ils ont vécu, peut-être dérouleraient-ils d'ailleurs des aventures plus folles que les miennes.

Ni trop belle ni trop brillante, marquée par le temps qui passe et par les coups de griffe qu'il dispense, solide à l'extérieur comme à l'intérieur, enfin je l'espère.

Sur cette même table j'ai ébauché des expéditions à venir, signé des contrats, j'ai connu les moments de doute et d'exaltation, les bonnes et les moins bonnes nouvelles qui ont martelé ma vie d'homme en mouvement perpétuel. Car si partir est mon métier, revenir reste mon objectif.

C'est donc autour de ce meuble qu'au printemps dernier le sédentaire qui ne goûte guère l'inaction, ou en tout cas pas trop longtemps, s'est posé pour écrire le livre que vous avez entre les mains. L'acte se révèle toujours un exercice délicat. Longtemps je me suis refusé à coucher sur le papier ce que je gardais dans ma tête. Peur d'un surplus d'orgueil, crainte de ne pas être à la hauteur de ce que m'ont légué les premiers explorateurs. Mon enfance autant que mon esprit se sont construits en dévorant les livres d'Amundsen, le défricheur des pôles, en découvrant les expéditions de Shackleton, formidable meneur d'hommes et miraculé des glaces, celles de Stanley et de Livingstone, de Cook, des aventuriers et découvreurs qui nous ont appris à voir le monde et ses inconnues tels que nous ne pouvions les imaginer.

Mon âme de galopin leur avait alors érigé un piédestal. Comme si mon corps et plus encore mon esprit avaient besoin d'eux, de leurs témoignages, pour grandir et s'élever. Ce qu'ils avaient réalisé me semblait pourtant au-delà de ce qu'un simple mortel comme moi pourrait atteindre. À chaque page, je m'imaginais à leur place, ou du moins j'essayais, parce que je pensais que jamais je ne parviendrais à être leur égal, moi le garnement sud-africain qui ignorait alors que la planète est toujours à la taille de celui qui rêve d'en faire un terrain de jeu.

Lorsque, des années plus tard, j'ai fait à mon tour vœu d'aventure, je savais que je ne serais jamais à la hauteur de ces grands anciens. L'exploration, la découverte allaient certes devenir mes raisons de vivre, mon espace vital, ma relation au monde, mais je détectais entre eux et moi une différence d'échelle. Une forme d'humilité devant ce qu'avaient réalisé les glorieux voyageurs me contraignait à sous-estimer le désir et la possibilité de devenir comme eux.

Progressivement, je me suis néanmoins rendu compte que ce que je vivais pouvait aussi se raconter, ou méritait d'être partagé. À quoi bon parcourir la planète si ce n'est pour relater, en retour, ce qu'elle m'a fait subir, ou ce que je suis parvenu à réussir ?

Partir tout seul n'avait de sens que si je parvenais ensuite, chers lecteurs, à vous emmener avec moi. Je veux que vous viviez ce que j'ai vécu, ressentiez mes émotions, mes frissons, mes douleurs. Que vous partagiez mes déceptions comme mes excitations. Comme si, le temps que vous découvriez le déroulement de mes aventures, je devenais vos yeux, comme si vous vous retrouviez à mes côtés, comme si vous voyiez ce que j'ai vu, sentiez ce que j'ai senti, tandis que j'avançais et me débattais. Je veux que vous viviez mes émotions, même à retardement, que vous pleuriez avec moi, soyez excités ou déçus comme j'ai pu l'être.

Un livre devient plus qu'un moyen de voyager extraordinaire, c'est un outil formidable pour exister à travers l'autre, pour être autorisé à rêver, et donc à vivre…

Alors me voilà en ce printemps de pandémie installé pour relater ma dernière aventure. Aurait-elle pu d'ailleurs devenir l'ultime ? C'est plausible…

Je venais d'en terminer avec une traversée solitaire, hostile et douloureuse, de l'Antarctique, première étape d'une transhumance personnelle qui devait me mener d'un pôle à l'autre. Avant de me retrouver dans les latitudes nord pour boucler ce bouleversant projet, j'avais prévu de naviguer à bord de Pangaea, *mon voilier tout-terrain, pour remonter à la voile jusqu'en Asie. Puis une fois là-bas, de vaincre le K2, une ascension mythique et difficile, un 8 000 mètres de déraison et de combat, avant de continuer jusqu'au pôle Nord que j'entendais traverser en totale autonomie, sans assistance ni ravitaillement en compagnie de Børge Ousland, un explorateur norvégien fameux avec qui j'avais déjà réalisé quelques expéditions. À la fois alter ego, frère de sang, franc camarade, mais aussi compagnon d'infortune, ce que j'ignorais alors…*

C'est cela que je voulais partager avec vous.

Échoués en mer de Chine

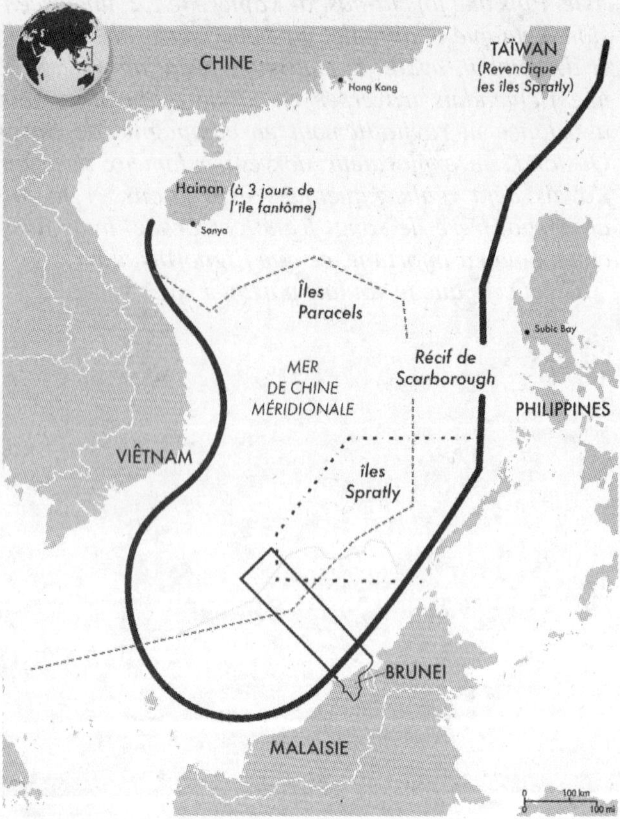

ÎLE FANTÔME
EN MER DE CHINE

Ne jamais se résigner

– 1 –

Ne céder ni à la menace ni à la pression

« Ma liberté, tant que je respecte les règles,
est supérieure aux lois édictées par des hommes
dont j'ignore les motivations.
Qu'il s'agisse de militaires,
de rebelles ou de bureaucrates. »

Un craquement lugubre plus qu'une plainte, un prodigieux raclement métallique plus qu'un cri, en même temps qu'un choc assez violent. Je suis projeté vers l'avant… Comme après un coup de frein d'urgence, *Pangaea* s'immobilise en tremblant de toutes ses œuvres vives. Je suis au beau milieu de cette mer de Chine que l'on qualifie de méridionale et je fais route vers le nord, avec Jacek, mon bras droit depuis une douzaine d'années, homme-miracle qui sait tout faire, Polonais ingénieux et infatigable qui, même avec rien, parvient à réaliser l'impossible, et Laure, qui, à bord et depuis tant d'années, joue de multiples rôles : elle est à la fois la « maman » de l'équipe, celle aussi qui nous nourrit, et même parfois la confidente des uns ou des autres lors de nos aventures et autres expéditions au bout du monde. Pour l'instant, ils se reposent tous les deux : comme les conditions ne sont pas loin d'être optimales, nous fonctionnons par quarts… Seul sur le pont, j'apprécie ces moments de plénitude où le bateau fend les flots avec la délicatesse d'une sirène. Le vent n'est pas fort mais régulier, nous avançons à dix nœuds, vitesse relative pour mon puissant ketch de 35 mètres.

Ce sont ces instants de calme qui me font réfléchir à ce que j'ai entrepris depuis maintenant plus de trente ans. Sans nostalgie ni remords, j'en profite alors pour repenser à ce que j'ai fait de ma vie, moi, l'enfant turbulent de Johannesburg devenu l'arpenteur d'un monde mouvant et brinquebalant, qui ne cesse de témoigner de son évolution. Certes, le passé m'a construit, certes le présent m'apaise, mais c'est le futur qui toujours m'appelle. Ce soir, comme si souvent, alors que se profilent les fêtes de fin d'année et les vœux de réussite à venir, il me susurre, sous le souffle chaud du vent qui fait se lever une houle régulière et bienveillante, que ma vie d'aventures et d'explorations n'est pas près de se terminer. Parce que je n'en ai pas envie, parce que c'est ce qui me fait vivre, parce que j'ai tant de projets à mener…

Jusqu'alors, je surveillais le pilote automatique qui maintient le bon cap et jetais de temps en temps un œil sur les cartes qui s'affichent sur les écrans. Rien à signaler, si ce n'est le passage parfois de gros grains dont je pouvais visualiser l'avancement avant que leurs gouttes tièdes n'éclatent en rebondissant sur le pont. Je ne connais pas bien cette partie du monde, mais je sais qu'elle représente un enjeu international majeur. Pas seulement à cause de sa richesse en poissons divers ou de la surpêche autant que du braconnage honteux auxquels se livrent certaines industries locales, mais parce que ses sous-sols recèlent d'importants gisements de pétrole, énergie fossile qui fascine les puissants de la région et suscite la convoitise de ceux qui croient que l'or noir est encore l'avenir de l'homme.

Il n'est pas encore minuit : dans un quart d'heure à peine, nous changerons d'année, nous sommes le 31 décembre 2017. Je suis bien, heureux de remonter en harmonie avec la mer vers la seconde partie de mon objectif, « Pole2Pole », ce tour du monde de deux ans via les pôles Sud et Nord, en sillonnant terres et océans.

Après ma longue traversée de l'Antarctique lors de l'hiver 2016, parcours empreint de douleurs et de merveilleux, de chutes et de plénitude, il m'avait fallu un peu de temps pour reprendre des forces. Cinquante et un jours de solitude, plus de 5 000 kilomètres à skis, tracté par un cerf-volant : le pôle Sud ne m'avait pas laissé indemne. Le temps que je panse mes blessures physiques et que je replâtre les fêlures de mon âme, toujours décalcifiée lorsque je rentre d'une expédition aux extrémités de notre monde – pourquoi suis-je parti là-bas ? Pourquoi ai-je choisi de risquer ma vie ? Pourquoi ne puis-je vivre comme tout le monde ? –, nous avions choisi de laisser le bateau en Tasmanie, au sud-est de l'Australie, avant de le récupérer pour faire route vers l'Asie. J'avais prévu qu'Annika et Jessica, mes filles, me rejoignent une fois que je serais arrivé sur le grand continent. Je voulais leur faire découvrir les splendeurs de la Thaïlande, du Viêtnam ou du Cambodge. Car une expédition, ou en tout cas une aventure telle que je l'imagine depuis que j'en ai fait mon activité, n'est pas seulement le combat d'un homme face à un défi, c'est un équilibre, un rythme autant qu'une démarche, seul ou à plusieurs… Le nord de la planète doit en être l'acmé, mais avant d'y parvenir, j'ai décidé de m'offrir quelques intermèdes plus paisibles, empreints de la grâce collective des aventures que l'on partage avec ceux qu'on aime.

J'ai besoin de ces espaces de répit, de baisse de régime, de ces moments de partage, de béatitude en famille. Avant de m'attaquer à mes deux derniers challenges, l'ascension du K2, sommet légendaire du Karakoram, à la frontière sino-pakistanaise, dont les 8 611 mètres se refusent à moi depuis quelques années, et la traversée du Grand Nord arctique, terme annoncé de mon périple, et apothéose de ce grand projet à 360 degrés qui consistait à relier symboliquement les deux étendues polaires et désertiques de notre monde.

Jusqu'à cet arrêt brutal. Imprévisible.

Il ne me faut que quelques secondes pour comprendre : mon bateau vient de s'échouer sur un récif artificiel qu'aucune carte de la région, pas même les plus récentes, ne mentionnait. Je sais, du moins j'avais déjà entendu dire, mais sans preuves formelles, que les Chinois ont pour habitude de construire ici ou là des îles fantômes qu'ils font naître de toute part, pour protéger leurs arrières ou affirmer leur suprématie. Il en existerait aujourd'hui une petite dizaine.

La méthode est simple : une fois délimité un périmètre autour de hauts-fonds affleurants, une drague foreuse géante vient pomper le sable et les coraux environnants, en causant d'irrémédiables dommages aux sous-sols marins tandis que des cargos se succèdent en un défilé incessant. Transportant des tonnes de déblais, ils déversent eux aussi à jet continu rochers ou blocs de béton pour remblayer un territoire qui n'existe pas. Lentement, une terre ferme fait surface…

Quand l'île est bien sécurisée, aplanie, stabilisée, les Chinois, adeptes de ce grignotage discret, y construisent dans un secret gardé le plus longtemps possible une base militaire ou une piste d'atterrissage… Quand ce ne sont pas les deux.

Je suis au cœur d'une zone où règnent de fortes tensions diplomatiques depuis des années. Ici, comme partout ailleurs, les Américains, gendarmes d'un monde qu'ils aimeraient à leur image, cherchent à affirmer leur prééminence, et les Chinois évidemment, en tant que puissance régionale, font feu de tout bois, mais les Vietnamiens, les Thaïlandais, les Laotiens, voire, un peu plus loin, les Philippins sont également partie prenante de ce détonant cocktail…

Conçu pour les situations extrêmes, mon bateau peut faire face à pas mal de désagréments. Il est en aluminium et d'une robustesse à toute épreuve puisque conçu, selon mon souhait, pour naviguer dans les glaces… Sa proue et son étrave sont donc lourdes, massives, solides. Doté d'un faible tirant d'eau – la hauteur de la partie immergée d'un navire – pour pouvoir naviguer partout, le long ketch dispose également de deux gros patins sous la coque, d'une dérive et de safrans relevables. La dérive est un appendice en forme de sabre qui fait office de quille lorsque l'on navigue en configuration « voilier classique » pour, comme son nom l'indique, empêcher le bateau de dériver par rapport à l'axe et à la force du vent, le safran n'étant en fait que l'autre mot désignant le gouvernail.

Je les avais voulus rétractables notamment pour me permettre d'échapper aux icebergs qui rôdent autour des pôles. Les icebergs sont des monstres qui cachent bien leur jeu, leur partie immergée étant généralement beaucoup plus importante que la pointe qui apparaît hors de l'eau. Lorsque je navigue dans les océans polaires et que je sens poindre la menace que représentent ces diamants diaboliques capables de cisailler une coque en une fraction de seconde, grâce au petit tirant d'eau de *Pangaea*, je me réfugie alors dans des eaux peu profondes où les énormes blocs de glace ne peuvent se glisser.

Cette fois, ni iceberg ni glace : mon grand navire s'est posé presque comme une fleur sur une île sans nom dont je ne pouvais deviner l'existence il y a encore quelques heures.

Très vite, il faut réagir. Avec Jacek qui m'a immédiatement rejoint, nous tentons quelques manœuvres pour essayer de reculer. D'abord, ouvrir les vannes pour vider les réservoirs d'eau potable qui alourdissent le bateau. Trois tonnes d'eau sont ainsi rejetées à la mer. Puis je tente de plonger pour aller attacher des cordages au fond afin de disposer de puissants points d'ancrage. Je les tends ensuite avec les winches, avant de mettre les deux puissants moteurs à fond pour essayer de faire reculer *Pangaea*. Rien n'y fait, au contraire ! Nous passons quelques heures, entre stress et angoisse, à nous débattre tandis que la marée descend, nous empêchant plus encore de nous sortir de cet inattendu guêpier.

Le mieux aurait été de repartir au plus vite, comme si de rien n'était, avant que les Chinois, qui disposent de moyens de surveillance et de navires susceptibles d'intervenir très vite, ne nous interceptent. Mais nous sommes coincés. Laure, Jacek et moi n'avons pas besoin d'en discuter pendant des heures : tout ne s'annonce pas sous les meilleurs auspices.

Le jour se lève, tandis que la marée, elle, continue à baisser. Bientôt, il n'y aura plus assez d'eau sous le bateau !

Et surtout, je vois arriver les gardes-côtes chinois.

Ils commencent par appeler sur la VHF, l'outil de communication classique entre deux navires proches. Je suis encore dans l'eau à batailler, Jacek essaie tant bien que mal d'établir un dialogue avec les militaires. Je remonte à bord et tente à mon tour de discuter avec eux. Il n'est pas difficile, même si leur anglais sonne à mes oreilles comme un idiome presque étranger, de saisir la portée de leurs questions : « Qui êtes-vous, qu'est-ce que vous faites là ?... Vous savez que vous n'avez pas le droit d'être ici ? » Je leur réponds que nous ignorions l'existence de ce confetti nulle part mentionné, que nous allons attendre que la marée remonte, que nous essaierons alors de reculer, juste de quelques mètres, que peut-être, s'ils le veulent bien, ils pourraient nous aider.

Peu coopératifs, ils me préviennent qu'ils vont venir à bord pour nous forcer à descendre. Mais il est hors de question que je quitte mon navire ! Un capitaine n'abandonne pas l'unité dont il est le seul maître après Dieu, sans compter qu'un bateau laissé seul, même posé sur le récif d'une île que personne ne connaît ni ne situe, n'a plus de propriétaire et s'offre à toutes les convoitises… Je connais les histoires de détrousseurs de navires… Et s'ils sont, par le passé, entrés dans la légende, ils n'en sont pas moins redoutables et bien présents aujourd'hui.

Je tente de négocier, encore et toujours, leur répète que nous voulons attendre la marée haute, qu'ensuite il leur suffira de nous tracter car *Pangaea* n'est pas endommagée, que nous pourrons alors reprendre la mer et continuer notre route vers le nord. Ils se font plus conciliants. Lorsque la marée recommence à monter, ils me font passer une grosse ligne d'amarre que j'accroche à l'arrière du voilier… À eux ensuite de nous tirer d'affaire.

Alors que nous nous préparons au plus vite, ils choisissent de ne pas attendre que la marée soit totalement haute. Et commencent à nous tracter, mais à peine ont-ils poussé leurs moteurs que la corde lâche dans un claquement sec et lugubre. Le cauchemar continue.

Il n'est pas près de se terminer.

Ils ne reviennent pas à la charge, au contraire, le ton change, ils se font plus menaçants : « C'est bon, maintenant on a tout essayé, vous devez abandonner le navire, c'est un ordre ! » Mais c'est mal me connaître, je ne suis pas disposé à céder. La tension monte d'un cran. Ils rappliquent pour nous embarquer de force, mais n'osent pas s'approcher coque contre coque, à cause des petites vagues qui commencent à déferler.

Pangaea est stable, ne bouge pas, comme si elle reposait sur son lit de douleur… Les Chinois nous ordonnent une nouvelle fois de quitter le bateau, ou ils emploieront les grands moyens pour nous évacuer. Les discussions sont longues et ardues. Au bout d'une heure trente, l'énervement l'emporte sur le semblant de sérénité. Nous n'avons plus le choix. Pragmatique, je dis alors à Jacek et à Laure de prendre quelques vêtements, leur argent, leur passeport, leur ordi, et de les mettre dans des sacs étanches parce qu'il nous faut partir.

Je ressens assez bien les tensions de l'existence, celle-ci est énorme, et nous avons épuisé notre temps de négociation.

À contrecœur, pour ne pas dire contraints et forcés, nous plongeons pour rejoindre à la nage le bateau des gardes-côtes. Ceux-ci mettent alors une annexe à l'eau pour nous « inciter » à y monter.

Une fois à bord, face à eux, je pensais arriver à les convaincre, puis à les faire plier ! Mais à peine sommes-nous arrivés, trempés, qu'ils nous enferment dans deux cabines à l'arrière, avec interdiction d'en sortir.

Comme des prisonniers.

Je ne suis pas franchement surpris ; c'est un statut que j'ai déjà connu, à des degrés divers, au cours de mes précédentes explorations. Que ce soit le long du cercle polaire, avec l'administration russe, comme lors de mon tour du monde autour de l'équateur notamment, en Amérique du Sud ou en Afrique, j'échappe rarement à ces « désagréments ». Je n'en étais pas à ma première arrestation, et si contrariante soit-elle, celle-ci n'était pas la pire. Il est même arrivé que l'irréparable soit évité de très peu, évitant de justesse d'être passé par les armes.

Pour autant, ce n'est pas une situation que j'apprécie. Je dois refréner mon énervement à tout ce temps inutilement perdu, et mon inquiétude pour ma chère *Pangaea*. L'enfermement quel qu'il soit, même sur un navire en mer, est une notion qui me dépasse. Ma liberté, tant que je respecte les règles, est supérieure aux lois édictées par des hommes dont j'ignore les motivations. Qu'il s'agisse de militaires, de rebelles ou de bureaucrates.

Je fulmine, mais ne le montre pas.

Nous nous changeons et enfilons les vêtements secs que nous avions mis dans nos sacs étanches, puis un garde-côte vient nous chercher. Après nous avoir « conseillé » de ne pas trop laisser traîner nos yeux autour de nous, il nous emmène dans une petite salle de réunion, au centre du bateau. C'est le moment du sermon, suivi du passage à la question, l'un après l'autre. « Vous étiez dans une zone interdite à toute personne et à tout navire non autorisé, que faisiez-vous là ? Qui êtes-vous ? D'où venez-vous ? » Des espions n'auraient pas droit à un traitement différent…

Mais, là encore, je sais à quoi m'en tenir : au fil des années et de mes expéditions, j'ai appris à cerner assez vite la personnalité des hommes rigides auxquels j'ai affaire. Je sais comment répondre sans me livrer tout en leur donnant ce qu'ils veulent entendre. Le plus souvent, il suffit de s'adapter aux attentes de votre interlocuteur, presque à le caresser dans le sens du poil. Quel que soit son degré d'exaspération, il faut savoir se contenir. L'hostilité, l'énervement et plus encore l'agressivité franche sont rarement des atouts pour se faire entendre et obtenir gain de cause… Il me fallait donc faire preuve de bon sens, de savoir-vivre, de politesse et de déférence parce que, si je voulais sauver mon bateau, j'avais besoin de l'aide des Chinois autant que de leur soutien. Pas question donc de me les mettre à dos en jouant au rebelle à qui on ne la fait pas ou à l'opposant idéologique qui hurle à la manipulation et à l'arrestation arbitraire…

– 2 –

Toujours trouver des solutions

« Je ne suis pas du genre à me cogner la tête
contre les barreaux ou à me lamenter,
je suis plutôt du genre à envisager
toutes les solutions possibles,
et à les saisir quand elles se présentent. »

Heureusement, avant que les militaires chinois ne nous mettent le grappin dessus, j'avais eu le temps de passer quelques appels indispensables, notamment à mes filles en train de réveillonner. Mon coup de fil a sans doute dû jeter un léger froid, car je ne téléphonais pas pour présenter mes vœux. J'avais rapidement expliqué à Annika et à Jessica ce qu'il en était pour que, de leur côté, elles commencent à réfléchir à des solutions.

Il fallait un bateau pour venir chercher *Pangaea*. Au plus vite, car non seulement nous nous trouvions dans un secteur encore moins pacifique que nous le pensions, mais situé en pleine zone de typhons, fréquents et redoutables en cette période… Puis, leur avais-je conseillé, une fois le remorqueur choisi, il faudrait amener *Pangaea* dans un endroit où elle ne risquerait rien. Je leur avais glissé qu'il faudrait des « professionnels de la mer » qui auraient à leur disposition un autre équipement que les cordages pourris de mes nouveaux amis chinois. Je leur avais également demandé de prévenir l'ambassade de Suisse, « au cas où ». Vu la tournure que prenaient les événements, mieux valait prévenir qui de droit pour gérer l'incident diplomatique que je voyais déjà se profiler.

Enfermés dans nos cabines, nous savions bien que les gardes-côtes allaient nous déposer quelque part, sans doute sur l'une des îles du Sud où l'on saurait s'occuper de nous. En revanche, ce que j'ignorais, c'est que nos geôliers avaient rapidement essayé de savoir qui j'étais. Mon nom était sans doute apparu en clignotant lorsqu'ils avaient utilisé Baidu, le moteur de recherche local. Trois semaines auparavant, j'étais en effet venu à Pékin pour remettre un prix posthume à la famille de Guo Chuan, un marin disparu en mer. Durant sa tentative de traversée du Pacifique en solitaire, le célèbre navigateur chinois était vraisemblablement passé par-dessus bord alors qu'il avait dépassé Hawaii et faisait route vers San Francisco. Son voilier avait été découvert vide, et son corps n'avait jamais été retrouvé… Au cours d'une soirée récompensant les plus grands athlètes du pays, un hommage devait lui être rendu. Comme je le connaissais un peu, que je fais partie avec quelques sportifs du monde entier de la Fondation Laureus, fondation internationale qui met en avant l'excellence sportive et les projets caritatifs, et que j'avais déjà effectué pas mal de tours du monde, les organisateurs m'avaient invité à remettre une prestigieuse récompense à la femme et aux deux enfants du skipper disparu. Ce soir-là, la cérémonie avait été diffusée sur la plus grosse chaîne de télévision chinoise en présence de célébrités du sport, d'un ministre et de quelques huiles dont les noms m'avaient échappé…

À cette occasion, l'un des jeunes fils de Guo Chuan m'avait confié une bouteille contenant un message qu'il avait écrit et voulait à tout prix transmettre à son père. Dans ce message, il le priait de revenir à la maison… Il m'avait demandé, un jour que je serais en mer, de jeter la bouteille pour qu'elle flotte jusqu'à son destinataire. L'émotion de cette demande m'avait profondément touché. Je le lui avais promis. En quittant *Pangaea* pour rejoindre le navire des gardes-côtes, j'avais pris soin d'emporter cette bouteille.

En découvrant mon profil et ma relative notoriété, les militaires se sont aperçus que je n'étais sans doute pas n'importe qui, et surtout pas un agent secret envoyé sur zone par un pays ennemi. Ils ont également compris qu'ils ne pouvaient pas agir avec nous comme ils l'entendaient. Une forme de respect mutuel s'est alors installée… Notre séjour ne s'est pas pour autant transformé en douce croisière, et nous sommes restés à fond de cabine. Mais, dans leur largesse, nos geôliers nous ont parfois donné l'autorisation de faire quelques pas sur le pont, ou à l'arrière du navire. Le temps de voir que tout était bien entretenu, et de ressentir parfois cette courtoisie inattendue que les militaires montraient à notre égard.

Comme ils avaient laissé à notre disposition nos sacs, et le matériel que nous avions emporté, sans vérifier ce qui s'y trouvait, je profitai d'un moment d'inattention pour envoyer par-dessus bord la bouteille du fils de Guo Chuan, et tournai une courte vidéo que je lui enverrais plus tard…

Trois jours après, nous sommes arrivés à Sanya, sur l'île de Hainan, une zone très touristique où les gardes-côtes avaient décidé de nous débarquer. Surprise : la presse était là et les journalistes locaux voulaient comprendre ce qui s'était passé, qui nous étions et comment nous avions été traités. Conscient que j'avais tout intérêt à ne pas émettre la moindre critique envers la Chine, j'ai salué avec un léger soupçon d'ironie la perfection de nos secours, déclarant que, heureusement, leurs vaillants soldats étaient arrivés pour nous aider, qu'ils avaient fait de l'excellent boulot, que j'aurais bien aimé rester à bord de *Pangaea* mais qu'à un moment il m'a bien fallu accepter la main tendue parce que nous n'avions pas le choix, que je devais abandonner mon bateau. Mais qu'eux, ils avaient vraiment fait un super boulot. Vraiment merci…

Mon discours a eu l'air de passer et, comble de la fortune, de ne déplaire à personne.

Malgré ces désagréments successifs, je ne perdais pas espoir. Je n'ai jamais supporté le luxe de la détresse et de la rumination. Convaincu qu'il fallait agir au plus vite pour soustraire *Pangaea* à la menace de tornades imminentes, j'avais, outre mes filles, contacté mon frère Martin, redoutable logisticien de chacune de mes expéditions, afin qu'il tente également de son côté d'affréter un remorqueur. Il en avait repéré un, philippin, qui n'était même pas à une journée de mer de la fameuse île fantôme. Seul hic : quand il leur avait indiqué l'endroit, ses interlocuteurs avaient refusé tout net. « Zone de conflits, potentiellement à risque, guerre possible… » C'était non, définitivement non.

Libérés de notre surveillance militaire, nous avons été conduits dans un hôtel de l'île pour y connaître une nouvelle forme de détention. Si douce soit-elle, elle ne me plaisait pas plus que sur le bateau. Peut-être même moins car elle tentait de nous faire oublier sa vraie nature sous ses beaux atours. Je ne supporte pas les fers ni les boulets, même virtuels, même légers. Que l'on tente de m'entraver et ma soif d'aventures sera décuplée ! Ma liberté ne se mégote pas, je déteste les assignations à résidence autant que les interrogatoires, absurdes, répétitifs et interminables. Ils avaient heureusement fini par cesser après une ultime rafale de questions déjà posées, pour vérifier une dernière fois nos dires. Nos réponses ne varièrent pas une fois : « Quinze minutes avant minuit, nous avons tapé quelque chose qui n'était indiqué sur aucune carte ; non, nous ne sommes pas des espions ; non, ce n'est pas notre faute si cette foutue île n'est pas répertoriée sur les cartes marines ; non, nous n'avons pas décidé de quitter le bateau de notre propre gré ; oui, vos gars sont venus à notre rescousse ; oui, ils se sont comportés comme de saints hommes ; oui, oui, oui, mais j'aimerais bien qu'on puisse envoyer un remorqueur, je ne supporterais pas de perdre mon bateau… »

Cela a encore duré trois jours, jusqu'à ce que nous décidions que c'en était assez. Non seulement les Chinois n'avaient aucune raison de nous garder sur l'île, mais il était clair qu'ils n'avaient pas l'intention de nous aider à aller récupérer *Pangaea*, surtout pas après leur avoir demandé de la remorquer jusqu'à Hong Kong où je pensais trouver des chantiers plus performants et mieux équipés qu'en Chine continentale…

Bien qu'affichant toujours le plus grand calme, j'étais de plus en plus agacé par la situation. J'ai fait comprendre à Jacek et à Laure qu'il ne fallait pas attendre plus longtemps, que le moment était venu de partir. La seule note positive étant que, pour justifier notre présence légale en Chine, nous avions obtenu un visa en bonne et due forme, qui avait été tamponné sur nos passeports. Je pouvais aller à l'aéroport, je pouvais monter dans un avion… Laure et Jacek aussi.

Cela nous sembla suffisant pour reprendre notre liberté. Sans prévenir personne, et à la faveur d'une surveillance relâchée, nous avons quitté l'hôtel en toute discrétion puis nous avons directement filé à l'aéroport. Mes filles, que je pouvais joindre régulièrement, nous avaient réservé des places sur des vols différents. Dans une forme d'exfiltration bien organisée, Jacek et Laure décollèrent pour les Philippines, d'où ils pourraient s'occuper plus facilement de la récupération de *Pangaea*. Quant à moi, je pris un vol pour Paris afin de trouver en Europe des soutiens politiques autant que financiers. J'en avais besoin pour sauver mon bateau… Mon expédition ne pouvait en aucun cas se terminer ainsi.

S'agissait-il pour autant d'une fuite ? En aucun cas. Partir ne signifie pas pour autant se défausser, ou refuser de lutter : partir de son propre chef, c'est plutôt décider de sa vie et de ce qu'on veut en faire. Changer d'horizon pour réévaluer la situation et trouver de nouvelles solutions quand tout semble bloqué, à l'arrêt. Face à ces Chinois qui me posaient en boucle les mêmes questions sans même écouter mes réponses, qui me disaient « Oui, oui » quand ils pensaient « Non, non », j'avais l'impression de ne plus avancer, de me retrouver acculé entre quatre parois tristes, comme s'ils tentaient de prendre un avantage mental sur moi, ou voulaient me faire craquer…

J'ai dit combien la sensation d'enfermement m'était insupportable. J'ai donc appris à tout mettre en œuvre pour l'éviter ou pour la subir le moins longtemps possible. Je ne suis pas du genre à me cogner la tête contre les barreaux ou à me lamenter, je suis plutôt du genre à envisager toutes les solutions possibles, et à les saisir quand elles se présentent. Même si cela implique de se replier ou de disparaître. Prudence et sagesse ne riment pas forcément avec démonstration de force, mais plutôt avec adaptation à une situation donnée. Dans ma jeunesse sud-africaine, on m'avait envoyé faire la guerre en Angola. En tant que lieutenant des forces spéciales sud-africaines, il m'est arrivé de me retrouver encerclé par des ennemis. Une fois, j'ai choisi de ne pas bouger, de rester camouflé quand un soldat rebelle a marché à quelques centimètres de ma tête. C'était sans doute la meilleure décision à prendre, elle m'a sauvé la vie. S'il m'avait vu, il m'aurait abattu. Faire le mort est sans doute l'astuce la plus ingénieuse que l'animal a trouvée pour échapper à ses prédateurs.

Cette fois, en revanche, il me fallait à tout prix du mouvement. La survie de *Pangaea* en dépendait. Et mon rêve également. Je tenais absolument à me rendre au pôle Nord, comme l'avaient fait les anciens explorateurs polaires : en bateau et par mes propres moyens !

– 3 –

Sauver *Pangaea*

« Il suffit parfois d'un rai de lumière pour entrevoir l'avenir. »

Perdre un ami ou un proche est une violence que rien n'égale, je ne le sais que trop bien. Perdre un bateau ne revêt pas la même intensité en termes de douleur et de souffrance, mais j'imagine pourtant quelque chose qui ressemblerait à un déchirement immense. Car *Pangaea* fait partie de ma vie, je l'ai conçue puis construite comme une extension de moi-même, elle est devenue déesse de mes aventures, muse de ma vie en mouvement. Je parle d'elle comme d'une personne chère à mes yeux et à mon cœur plus que comme d'un simple navire. Jeune, j'admirais le commandant Cousteau et, avec ma naïveté d'alors, me voyais un jour à bord de sa légendaire *Calypso*… La lettre que j'envoyai au célèbre explorateur des océans ne reçut, hélas, jamais de réponse, j'en fus meurtri comme seul peut l'être un enfant à qui l'on refuse sans raison de croire en ses rêves.

De mon désappointement émergea cet étrange projet : un jour, j'aurais mon propre bateau. Ce bateau, c'est *Pangaea*, fierté flottante qui soutient depuis 2008 l'essentiel de mes projets. Son nom évoque bien sûr la fameuse Pangée, cette plateforme géante et originelle d'il y a quelques centaines de millions d'années, qui donna naissance au monde tel que nous le connaissons après que la fameuse tectonique des plaques a fait son lent office, scindant le supercontinent en autant de terres émergées entourées d'eau salée.

C'est pour moi une forme d'hommage rendu à ce qui préexistait bien longtemps avant que nous descendions de nos arbres, maîtrisions le feu et devenions – hélas ? – ce que nous sommes aujourd'hui. Elle a vu le jour il y a une douzaine d'années grâce au formidable travail de deux cents ouvriers hautement qualifiés d'une favela de São Paulo à qui j'avais fait appel. Des jours et des nuits durant, ils participèrent avec ferveur et savoir-faire à la construction d'un navire qui à mes yeux devait être bien plus qu'une embarcation.

Onze mois après le début des travaux, *Pangaea* fut mise à l'eau. Pour quiconque ne me connaît pas, elle n'était qu'une coque en aluminium à peine terminée, sur laquelle on avait posé deux mâts de 40 mètres de haut. Mais *Pangaea* était déjà bien plus que cela. À sa façon, elle est le vibrant témoin de ce qu'est ma conception d'une vie respectueuse de l'environnement et de l'écologie. Sa coque en aluminium ? Un métal aisément recyclable, c'est aussi le choix de ne pas utiliser de peinture ni de revêtement polluants… Son puissant moteur ? Un engin bien peu vorace en termes de consommation de gasoil issu des nouvelles technologies de Cummins… Ses hélices ? Elles sont d'une puissance telle qu'elles peuvent creuser leur propre trace dans un banc de sable et sortir le navire des situations les plus improbables – enfin, à condition de ne pas être échoué sur une terre fantôme ! Sa sobriété, son apparent dénuement, vu de l'extérieur ? Une prouesse d'architecture et d'ergonomie nautique. *Pangaea* compte une trentaine de couchettes, de la plus vaste à la plus modeste, une grande salle de conférences ronde comme le globe, un centre de télécommunications et de transmissions digne de Cap Canaveral ou presque… Enfin, et parce qu'il faut aussi penser aux nourritures terrestres, de gigantesques frigos et congélateurs, une zone pour compresser nos déchets, et même des filets pour parfois ramasser ce que les océans transportent de nocif, plastiques et autres matériaux innommables qui polluent nos eaux pourtant sources de vie… Voilà, brossé en quelques lignes, qui est *Pangaea*.

Quant à mes déceptions enfantines, et pour conjurer le silence du commandant Cousteau, j'ai juré, lors du baptême de ma panthère des mers, d'en faire un lieu d'accueil pour les jeunes aventuriers, les « Young Explorers » comme je les appelle, afin de leur faire découvrir les beautés de notre planète bleue et de les sensibiliser à son extrême fragilité…

Mais *Pangaea* est aussi et surtout l'une des artisanes de cette liberté que je défendrai jusqu'à ma mort, parce qu'elle me permet de me déplacer partout où je le désire. Rien que pour cette raison, je ne pourrais accepter sans réagir qu'elle se fasse délaminer sur un récif. L'abandonner sans avoir tout tenté s'apparenterait trop à ces formes de lâcheté qui me révulsent. Fermer les yeux, ou regarder ailleurs… Je ne laisse pas tomber un proche ni un ami, je leur viens en aide. Mon bateau, c'est pareil. Être surveillé en Chine, se retrouver enfermé dans un hôtel, s'en échapper, sauter dans un avion et revenir sauver cette « dame de caractère » qui m'accompagne depuis plus de dix ans, c'est ce genre de combat qui fait le piment, ou le sel, de ma vie d'aventurier. Certes, ce type d'épreuve peut paraître anodin lorsqu'on le compare à la traversée d'un désert de glace, à l'ascension d'un 8000 mètres, à l'omniprésence du danger, ou à la menace de la fin ; certes, récupérer un navire puis le faire réparer ne représentent pas vraiment le quotidien exaltant d'un explorateur… Pourtant, c'est un problème qu'il faut affronter. Et que serait un aventurier sans sa fidèle compagne ?

Dans l'existence des uns comme des autres, une galère qui commence ne se termine pas par un claquement de doigts. N'est jamais puissant celui qui n'a savouré que des délices, devient fort celui qui lutte. Que cela soit face à lui-même, face à un chef tatillon, face aux dangers que la nature nous réserve… Même si, parfois, nous sommes tous contraints d'abdiquer, je sais depuis longtemps que nos vies ne sont qu'une succession de tempêtes et d'accalmies, les premières permettent de se jauger, les secondes de se préparer à la suite… C'est dans les moments difficiles que l'on apprend à être soi-même. Lorsqu'on avance, il arrive qu'un mur se dresse devant soi. Si pour seul outil on ne dispose que de sa tête, alors on tape une fois contre le mur. Certaines personnes se disent « Ça fait trop mal ! » et abandonnent. Moi, je ne suis pas comme ça, je tape, je creuse, je secoue, j'ébranle, jusqu'à le faire vaciller… Sans compter mes efforts, sans refréner mon énergie. Parfois le mur cède, je poursuis ma route ; parfois il est trop solide. Je cherche dans ce cas un moyen de le contourner. Et je trouve un chemin. Ce n'est jamais ma solution première, je n'apprécie pas les détours qui rallongent mon trajet, même s'ils me mènent à ma destination…

Cette fois, mon but est de tout tenter pour sauver *Pangaea.*

Une fois rentré chez moi, en Suisse, je vais donc remuer ciel et terre. D'abord en battant le rappel de mes connaissances susceptibles de donner un coup de main… J'entre ainsi en contact avec un ami chinois dont les réseaux sont suffisamment étendus pour que l'on m'autorise à envoyer un remorqueur depuis les Philippines, à condition de préciser les dates auxquelles le navire se rendra sur la fameuse île fantôme puis en reviendra. Je transmets ces informations à Jacek, qui se démène et trouve un équipage prêt à aller chercher *Pangaea.*

Cette première opération se révèle un fiasco total : bateau trop petit, matériel inadapté et équipage qui pense surtout à sacrifier des poulets pour conjurer le mauvais sort et bénir une opération qu'ils espèrent juteuse. Un échec !

Parti avec eux, Jacek avait néanmoins eu le temps de faire un premier état de *Pangaea.* Son diagnostic n'était pas rassurant : visuellement, tout semblait intact, mais à cause des chocs sur les récifs, l'aluminium de la coque présentait quelques faiblesses. « Si une nouvelle tempête passe, je ne donne pas cher de la peau du bateau, on va le perdre ! » me prévient-il.

Je rappelle mon contact en Chine, et lui demande une dernière faveur : « Laissez-nous partir de Manille avec un remorqueur digne de ce nom. » Il me donne son accord. Je m'envole alors pour les Philippines et déniche enfin le bateau qui pourrait sauver le mien. Un énorme navire, bien équipé, aux moteurs de neuf mille chevaux, capable de ramener à bon port même les plus énormes cargos en perdition…

Elle est là, ma dernière chance. Nous partons. Après trois jours de navigation, lorsque j'aperçois enfin les deux mâts de *Pangaea* se détachant dans le ciel, je suis encore trop loin pour faire un bilan de son état… En nous rapprochant, je constate qu'elle repose toujours sur ses deux patins !

De l'espoir, j'en conserve toujours un plein seau. Sans conviction, la vie n'est rien. J'ai appris au fil de mes aventures que l'espérance est une plante saine qui se cultive, puis s'entretient, parce que le jour où tu penses qu'il ne te reste plus aucune raison d'y croire, lorsque la moindre petite option semble avoir disparu, il se passera quelque chose. Le « C'est fini, on ne peut plus rien faire ! », je n'y ai jamais cru…

Je me rends tout de suite à bord du bateau blessé. L'intérieur est complètement inondé. Une vraie zone de guerre, les planchers qui flottent, des objets qui cognent. Une image de la désolation.

Je découvre une voie d'eau du côté du gouvernail : en tapant contre les rochers, la coque s'est arrachée… Heureusement l'avant du bateau n'a pas souffert, l'arrière en revanche est bosselé, déformé, certaines soudures ont lâché. Il y a du travail, bien sûr, mais tout semble réparable.

Je décide, de concert avec l'équipage, de vider les gigantesques réservoirs de gasoil, toujours pleins. Il y en a trois, de quatre mille cinq cents litres chacun. Protégés par le double fond de la coque, ils n'ont pas été abîmés. Mais il faut les pomper à la fois pour alléger *Pangaea* et pour éviter tout risque de pollution si, d'aventure, le sauvetage tournait à la catastrophe nautique.

Cela fait, il faut s'occuper du safran et de la voie d'eau. En mélangeant du sable, de l'eau et du ciment à prise rapide, je vais déverser quatre tonnes de cette préparation à l'intérieur du bateau, autour du gouvernail affaibli. « S'il y a un trou, cette mixture le bouchera… »

Le ciment prend, nous regagnons le remorqueur pour attendre que la mer baisse à nouveau, car nous ne pouvons travailler qu'à marée basse. Tout semble bien long, mais au bout de quelques heures, le bateau est redevenu étanche.

Nous sommes déjà le deuxième jour…

Le capitaine du remorqueur, qui regardait les prochaines marées et leur coefficient, m'annonce que le moment semble propice. On installe alors un câble monumental que j'attache avec une sangle énorme à la proue de *Pangaea*. L'opération s'annonce complexe. Il faut tirer par l'avant, mais de biais. En évitant que mon voilier ne se renverse.

De toute façon, je n'ai pas d'autre choix.

L'amarre attachée, le remorqueur entreprend alors de tracter doucement les quatre-vingts tonnes. Comme je l'avais prédit, *Pangaea* commence à verser. Un des marins montés à bord se retrouve éjecté, heurte l'un des gouvernails en hurlant, puis tombe dans l'eau peu profonde. Il ne bouge plus… Je pense qu'il est à moitié mort, on le ramène très vite à bord du remorqueur où officie un médecin. Le malheureux s'est cassé de nombreuses côtes. Les Philippins hésitent, pensent qu'il vaut mieux tout arrêter, que l'opération est injouable. Je persévère : « C'est maintenant ou jamais, on va le sortir ! »

Avec une précision de couturier océanique, je peaufine l'amarrage du gigantesque bout. On recommence l'opération, le bateau penché, les petites vagues qui commencent à lécher la coque, la marée qui monte, le bateau qui vire doucement pour se mettre dans le bon axe. J'ai l'impression de ne plus pouvoir respirer.

Soudain, le capitaine du remorqueur crie : « Stop, stop, stop, stop ! » Le bateau ne s'est pas encore redressé, *Pangaea* peut encore se retourner lorsqu'elle se retrouvera dans les eaux plus profondes, au moment où elle quittera le récif. Les marins arrêtent tout, raccourcissent les cordes, et le remorqueur recommence à tirer. Nous y sommes presque. Tout à coup, *Pangaea* semble quitter l'aimant terrestre qui l'empêchait de se redresser, se remet droite, roule d'un côté, manque de chavirer, son avant se dresse soudain, puis retombe lorsque l'arrière à son tour est libéré de sa gangue de pierres et de récifs.

Nous flottons. Vraiment. Je suis sauvé, *Pangaea* aussi ! Après quatre mois de stress, une joie forte succède à cette angoisse que nous tentions tous de masquer.

Nous sommes en mai 2018. Nous avons déjà perdu un temps précieux, mais rien n'est perdu. Nous mettons le cap vers Subic Bay, sur l'île de Luçon, à une centaine de kilomètres au nord-ouest de Manille, pour y effectuer les réparations. L'idée me paraît bonne : Luçon accueillit longtemps une énorme base militaire américaine. Après la Seconde Guerre mondiale, les Américains y construisirent même de gigantesques chantiers pour leurs navires de guerre. L'éruption du volcan Pinatubo ainsi que l'évolution de la situation internationale firent qu'en 1991 ils décidèrent de quitter l'endroit. Les Philippins mirent la main sur les installations portuaires. *A priori*, nous devrions pouvoir y faire réparer *Pangaea.*

Lorsque nous y parvenons enfin, nous nous arrêtons un peu au large en mouillant manuellement la lourde ancre, car même si nous sommes parvenus à remettre l'électricité à bord, la plupart des câbles sont trop corrodés pour être utilisables. Une fois tranquillisé, j'en profite pour appeler les assurances afin de les prévenir que nous sommes là, à Subic Bay, île de Luçon, et qu'il leur faut trouver une solution pour réparer mon bateau.

Le lendemain, un petit bateau pneumatique s'approche, un homme monte à notre bord.

« Bonjour, c'est bien ici que nous allons réparer votre bateau, m'annonce-t-il.

— Mais comment, et où ? » lui ai-je demandé…

– 4 –

« Chercheur de solution alternative »

« La vie peut me balancer les obstacles
qu'elle veut pour ralentir ou obstruer
ma progression, cela ne m'a jamais rebuté,
au contraire, cela transcende mes pulsions
de victoire : je vais devoir me battre plus encore
pour accéder à mes rêves, et j'aime ça ! »

« Nous venons d'ouvrir un chantier et vous allez être notre premier client », m'explique-t-il.

J'imagine un espace flambant neuf, des installations dernier cri, une horde de spécialistes, la volonté de bien faire et le désir de rendre le sourire au client inquiet, et là, mon interlocuteur me désigne une sorte de champ où je distingue sans peine du sable, des cailloux, quelques portiques rouillés, une pelleteuse qui semble abandonnée et un hangar posé un peu plus loin, à moitié détruit. Je n'en crois pas mes yeux.

« C'est là…

— Quoi, c'est là ?

— C'est là que nous allons remettre votre voilier en état…

— Ce n'est pas possible !

— Si, l'assurance nous a désignés pour réparer votre bateau… On va le sortir, ne vous inquiétez pas, tout ira bien. »

Je ne peux que lui signifier mon accord, de toute façon, je n'ai pas d'autres solutions. Puis je quitte Subic Bay, en laissant Jacek poursuivre les négociations entre l'assurance et ce chantier qui ne me paraît pas en être tout à fait un.

Comme je le redoutais, tout se révélera évidemment bien plus long que je l'avais d'abord imaginé. L'opération prendra même des mois pendant lesquels, tandis que Jacek surveille l'avancement des travaux, je multiplierai les allers-retours sur l'île. Je pars d'abord au Pakistan rejoindre mes filles. Nous avions prévu de grimper un 8 000 mètres, le Nanga Parbat. Mais, une fois sur place, je n'ai pas vraiment la tête à ça. La météo est d'ailleurs si exécrable – chutes de neige ininterrompues, risques élevés d'avalanche – que je choisis de faire demi-tour. En rentrant, j'apprends que les nouvelles de *Pangaea* ne sont pas meilleures : « Mike, ce n'est pas possible, ils ont tiré le bateau avec la pelleteuse car ils n'avaient pas de grue. Ils ont attaché *Pangaea* avec une corde et l'ont hissée comme ça, sur le sable et les cailloux… », se lamente Jacek au bout du fil.

Il me raconte alors en détail la méthode utilisée : les spécialistes maison ont effectivement fait avancer *Pangaea* jusqu'à l'endroit où ils pensaient la réparer, en la tirant avec la pelleteuse tout en la faisant rouler sur des boudins plus ou moins mous, tandis qu'une quarantaine d'hommes, sélectionnés parce qu'ils passaient par là en quête d'une occupation rémunérée, suaient et ahanaient.

Il y avait même des enfants qui, en riant, participaient à la fête !

Sur la fin du parcours qui mène au hangar, ils ont même – et là, il me faut saluer leur inventivité – déterré des poteaux téléphoniques qu'ils ont replantés dans la terre, pour les utiliser comme des poulies afin de démultiplier les efforts de traction ! À entendre le récit de Jack, j'ai l'impression d'être au cirque, avec de drôles d'acrobates.

Il leur faudra neuf jours pour que le bateau arrive péniblement jusqu'au hangar qui lui a été dévolu et qui n'a de hangar que le nom. Là encore, pas d'installation électrique, non, juste un groupe électrogène qui en brûlant du gasoil fabriquera l'énergie nécessaire !

Qui s'est alors mis à bosser sur le bateau pour le remettre en état ? Depuis le départ des Américains, la base n'a pas été entièrement abandonnée, c'est même devenu une zone franche, avec des portes qui s'ouvrent le matin et se referment le soir, et des dizaines de postulants locaux toujours prêts à travailler, quels que soient le boulot proposé et la technicité nécessaire aux réparations à faire…

Mon grand projet de rejoindre l'Arctique cette année, pour terminer mon « Pole2Pole », commence lui aussi à prendre l'eau… De cela il n'est pas question ! Je retourne alors à Subic Bay pour me rendre compte de l'étendue des dégâts. Je vais y croiser des ouvriers souriants et charmants : « Nous sommes soudeurs », me disent-ils, même si leurs réparations tiennent plus du chewing-gum prémâché que du brasage à l'arc. Quant aux quatre tonnes de ciment que j'avais coulées pour reboucher les fissures du voilier, il leur faudra des jours et des jours pour en venir à bout, au marteau et au burin quasiment !

Je vais dès lors continuer à alterner mes séjours sur l'île de Luçon, avec, en pointillé, quelques autres voyages que j'avais prévu de faire, toujours avec mes filles, à Singapour, en Malaisie, en Thaïlande, au Cambodge, au Laos. Et, fataliste face au temps qui passe et contre lequel je ne peux pas lutter, j'essaie de convaincre mes partenaires qu'il faut bel et bien reporter la deuxième partie de l'opération « Pole2Pole ». Nous sommes déjà au mois d'août, un départ pour septembre ou octobre vers le pôle Nord semble désormais impossible.

Il faut parfois accepter les inconvénients qui se dressent devant les projets de l'homme. Et se transformer alors en « chercheur de solution alternative ». Je n'ai jamais cédé au découragement, quel qu'il soit, d'où qu'il vienne et quoi qu'il m'en coûte. Parce que rien n'arrive qui ne soit le fruit d'une situation donnée, et parce que tout s'explique. La vie peut me balancer les obstacles qu'elle veut pour ralentir ou obstruer ma progression, cela ne m'a jamais rebuté. Au contraire, cela transcende mes pulsions de victoire : je vais devoir me battre plus encore pour accéder à mes rêves, et j'aime ça !

Je vais d'abord chercher, avec l'aide de mes filles, un navire qui pourrait provisoirement remplacer *Pangaea*. L'idée ne me plaît guère, mais après tout si elle me permet de partir à la date prévue pour la dernière partie de

« Pole2Pole » ? Au nom de l'aventure, *Pangaea* me pardonnera bien cette infidélité de circonstance, le temps de sa convalescence. Allez savoir pourquoi, il devait être écrit que les planètes ne s'aligneraient pas cet été-là. La faute à qui ? Sans doute à ce foutu réchauffement climatique qui se moque des espoirs et des projets : pour la saison avancée, la glace tardait à se former, notamment autour du Groenland. C'en était fini de nos espérances. Il fallait décaler le grand projet. Même si Børge Ousland, mon partenaire d'aventures, avait déjà commencé à envoyer jusqu'à Nome, en Alaska, quelques containers pour préparer notre expédition, il nous fallait repousser le départ.

En attendant des cieux plus favorables, j'ai continué à œuvrer pour la réfection du bateau et décidé de payer de ma poche les soudeurs, en leur demandant de travailler plus, d'oublier les jours fériés, de tout donner pour moi. L'assurance les rémunère pour un travail fixe, effectué de huit heures du matin à six heures du soir, cinq jours par semaine. Sur mes propres deniers, je leur offre plus. Je sais que tous vivent dans une précarité que l'on peine souvent à imaginer, c'est une façon de les aider, et de les motiver : connaître les problèmes existentiels des gens que tu croises ou avec qui tu travailles est un bon moyen de t'interroger sur ton propre égoïsme. Bien sûr que je trouve un avantage à les faire travailler plus, j'ai besoin d'en finir au plus vite… Mais en leur parlant, car je suis partisan du dialogue, en leur fournissant des explications, je veux qu'ils aient envie de m'épauler. Alors je leur explique mes projets, ma façon de vivre, ce que j'ai déjà accompli dans ma vie… Je leur raconte mes aventures et mes voyages. Je ne sais pas s'ils saisissent ma philosophie de la vie, mais j'aimerais qu'ils me voient tel que je suis, qu'ils me comprennent de la même façon que je comprends leur vie. Je sais qu'elle n'est pas facile, qu'ils ont besoin de travailler pour nourrir leur famille, leurs enfants, je suis aussi là pour ça. Outre l'urgence. Et si nous nous soutenions mutuellement, leur dis-je, ne serait-ce pas bénéfique pour nous tous ?

Dans le trou noir dans lequel je me suis englué malgré moi, chacun d'eux va alors m'apporter un peu de clarté. Ils se joignent à moi, deviennent mon petit soleil au fur et à mesure que les travaux avancent… Il suffit parfois d'un rai de lumière pour entrevoir l'avenir.

Et puis un jour, le bateau fut réparé. Ou presque, il ne manquait plus grand-chose. Rassuré, je rentrai à mon tour en Suisse pour préparer mon expédition vers le Karakoram. Mais je devais me rendre à l'évidence, il était déjà trop tard pour vaincre le K2 en été : il me fallait là encore reporter le projet.

Un an plus tard, je retourne une dernière fois à Subic Bay, en espérant que jamais je n'aurais à y revenir malgré ses ouvriers dévoués et son atmosphère bon enfant. J'y récupérai le bateau et ce cher Jacek pour filer ensuite sur Hong Kong, un stop prévu qui mérite d'être évoqué.

Je devais en effet m'y rendre pour faire une importante campagne publicitaire pour Mercedes-Benz, l'un de mes partenaires. Problème : la marque avait demandé que nous modifiions le design et l'ancien logo peints sur les voiles de *Pangaea*.

Pas le temps, pas les moyens de commander un jeu de voiles neuves. C'est dans ces instants que l'inventivité de l'homme semble sans limites : nous n'avons, là encore, aucun matériel disponible pour cette opération. Avec quelques pinceaux, quelques rouleaux, et des pots de peinture aux bonnes couleurs, nous repeignons à la main les gigantesques voiles entreposées à l'extérieur du fameux hangar de Subic Bay. Il fallait nous voir, dix Philippins et moi, à genoux, tirant la langue, rouleaux et pinceaux en main, barbouillant avec application pour faire en sorte que la garde-robe de *Pangaea* réponde aux souhaits de mes sponsors.

Lesquels ont été ravis lorsqu'ils ont vu les images prises aux environs de Hong Kong. Quant à moi, j'y ai fait une rencontre qui a bouleversé ma vie d'homme seul. Kathleen est américaine. Nos profils se ressemblent : comme à moi, la vie ne lui a pas toujours déroulé le tapis rouge. Son mari, un Français qui travaillait dans le monde savoureux de l'armagnac, est décédé, comme Cathy, d'un cancer, la laissant seule avec leurs trois enfants. Kathleen a repris avec une force et une conviction rares les activités commerciales de celui qui l'accompagnait jusque-là. Je l'ai rencontrée chez des amis et le courant est passé naturellement. Quand vint l'heure pour moi de gagner le Japon, à l'été 2019, afin d'y laisser *Pangaea* et de me lancer enfin à l'assaut du K2, nos adieux eurent le goût délicieux d'un au revoir. L'un comme l'autre devinions que nous nous reverrions.

Du Japon j'ai retrouvé Fred Roux, mon ami guide et partenaire d'alpinisme, au Pakistan.

Le K2, la deuxième plus haute montagne du monde, m'attendait ! Ma motivation, décuplée par les ennuis résolus et les retards désormais derrière nous, atteignait, elle aussi, des sommets.

Des montagnes qui me contemplent

J'habite depuis quelques mois une maison qui elle aussi a une histoire. Bien plus ancienne que la mienne. Elle a été construite il y a plusieurs centaines d'années par des moines établis ici, en Suisse. Elle leur servait de moulin. La première fois que je l'ai visitée, elle m'a semblé tellurique, comme une résurgence de ces montagnes qui la surmontent et de celles qui lui font face, ou plutôt comme si elle avait emmagasiné la puissance et la force de cet environnement si particulier. De la route, étroite et sinueuse, on la distingue à peine. À son pied, en pente pas si douce, des vignobles en terrasses où poussent les grains de ces cépages distingués que les Helvètes produisent avec leur discrétion coutumière. Puis, un peu plus bas, le Léman, lac où j'ai fait mes premières armes de navigateur, entouré par quelques skippers de renom. Et puis, encore plus loin, de l'autre côté de la rive, se détachant comme les pointes d'un diadème lorsque le ciel est clair, des sommets aux noms tellement poétiques, la dent d'Oche, la pointe d'Ireuse, le pic de la Corne... Les Alpes françaises. Avec, un peu en arrière-plan, fastueux et dominateur, ombrageux et attirant, le mont Blanc...

Bien sûr, ma vie, je ne la conçois qu'en expéditions, au loin, au plus loin. J'ai suivi le fleuve de l'Amazone en hydrospeed, bouclé un tour du monde en longeant l'équateur, traversé les pôles, des déserts, des continents et des océans. Bien souvent seul, quoique pas toujours. Mais j'ai aussi atteint des sommets que je pensais vertigineux. La montagne fait intimement partie de mon équilibre : m'élever est l'une de mes façons de dévisager le monde, et c'est une pratique que j'ai toujours voulu partager. J'ai besoin de piolets, de crampons, du froid, du vent et de la glace pour savoir jusqu'où je peux monter. Connaître les limites que j'accepte de me fixer pour tenter de les repousser est un exercice qui me fascine. À chacun ses montagnes à gravir, je le répète souvent à qui veut bien l'entendre ; pour moi, atteindre voire dépasser les fameux 8 000 qui frangent l'Himalaya et les massifs entre Inde, Chine et Pakistan participe d'une ascension aussi physique que mentale. Sans oxygène parce que je ne veux rien devoir, sans cordes parfois, entouré de guides et d'alpinistes de renom et pleins d'humilité. Avec eux, dans une forme de dénuement qui me relie à la terre nourricière, je me mesure aux sommets, à leurs rochers, leurs crevasses, leurs dangers.

Qui iront parfois jusqu'à dicter mes propres renoncements...

C'est peut-être ce qui explique aussi pourquoi je vis ici, lorsque j'en reviens.

Après avoir quitté l'Afrique du Sud qui m'a vu naître et grandir, je m'étais rapidement établi en Suisse. Comme une sorte de camp de base, de repli ou de réflexion que le destin m'aurait offert : lorsque j'ai quitté l'Afrique du Sud, en 1989, à cause de l'apartheid toujours en vigueur, les pays aptes à accueillir un ressortissant n'étaient pas si nombreux. L'Angleterre, Israël et la Suisse étaient les trois destinations auxquelles le citoyen que j'étais, ses quelques vêtements et ses cinquante dollars en poche, avait droit. Et c'est simplement parce que, en me présentant à l'aéroport de Johannesburg, le premier vol était pour Zurich que je me suis envolé vers la vieille Europe. Il restait une place disponible, elle était pour moi !

J'y ai exercé divers métiers à l'aube de l'âge adulte, qu'il s'agisse de couper des bois dans les forêts ou de tailler des courbes dans les champs de neige. Bûcheron, homme à tout faire, moniteur de ski, le jeune homme que j'étais ne refusait jamais les travaux en plein air, les heures supplémentaires, les cals aux mains et les muscles endoloris par l'effort...

Sous la gouverne de ces altitudes qui m'ont toujours fait ressentir le besoin viscéral de lever les yeux.

Cette maison n'a rien de fonctionnel, elle possède des plafonds parfois un peu bas, des pièces étranges, des escaliers, des grottes creusées par l'homme à même la roche, mais elle dégage quelque chose qui m'a fait succomber la première fois que j'ai agité la sonnette de l'entrée. Une énergie propre que j'ai tenté de m'approprier.

Quand Cathy est tombée malade, quand le cancer a commencé son lent travail, il fallait que nous nous rendions à Lausanne régulièrement. Parce qu'une fois hospitalisée, mon épouse, ma muse, mon autre moi, celle qui m'a construit autant qu'épaulé, avait besoin de notre présence au quotidien. Depuis Château-d'Œx, où nous habitions alors, Cathy, Annika et Jessica, nos filles, et moi, la route était longue, sinueuse, encombrée. Chaque jour, nous perdions des heures dans le trafic. Or s'il est une chose que je supporte mal, c'est d'être ralenti, de voir filer le temps. La vitesse est parfois la preuve tangible de mes envies comme celle de mes exaspérations, rouler à fond me calme, et j'ai toujours préféré partir à l'assaut des pôles, grimper un 8 000, risquer ma vie dans une décision mûrement réfléchie, plutôt que de rester assis dans une voiture à l'arrêt.

Bref, disons que je déteste quand ça n'avance pas.

Nous avons alors acheté un grand appartement à Lausanne pour les filles et moi. Pour être au plus près, au soutien, à la veille, jour et nuit. Puis, une fois Cathy partie pour son long voyage, entre la douleur déchirante, les mauvaises vibrations, les lambeaux de tristesse, nous avons décidé de quitter ce logement dont les murs suintaient tant le désarroi et la détresse.

À cet âge où l'adolescence commence à n'être qu'un souvenir, Annika et Jessica ont choisi de rester à Lausanne, dans un logement qu'elles louaient, tandis que je retournais vivre dans notre maison de Château-d'Œx, plus loin, en plein canton de Vaud. Au bout d'un moment, je m'y sentis mal. Entre la mort de Cathy, l'éloignement des filles, mes expéditions, mes allers-retours à Paris, mes conférences en Allemagne, aux États-Unis ou ailleurs, ce n'était plus vraiment vivable. Il me fallait tirer un trait sur un endroit qui ne me convenait plus.

J'ai donc cherché une autre maison pour me rapprocher de mes filles, des aéroports, des mouvements vitaux. Mais il était hors de question que j'habite en ville : rien ne me plaît dans cette vie embrigadée entre feux rouges, artères bruyantes et foule de gens qui se croisent sans mot dire. Ma liberté et les sensations qu'elle me procure, ajoutées à ma haine des désagréments urbains, à mon sommeil toujours si léger que j'ai l'impression d'être perpétuellement aux aguets, m'empêchent de mener l'existence de M. et Mme Tout-le-Monde. Descendre un escalier de béton ou prendre un ascenseur, longer des pelouses entretenues par des jardiniers municipaux, courir sur des trottoirs, ne pas voir le ciel...

Il me fallait être au calme, à l'écart du monde, collé à cette nature dont je sais qu'elle me pousse et m'attire. La recherche fut délicate, elle dura quelques années.

Enfin, grâce aux parents du copain d'Annika, nous avons entendu parler d'une maison enchâssée au milieu des vignes, sur un emplacement que l'on m'a décrit comme extraordinaire. Je suis allé la visiter. En arrivant, je n'en croyais pas mes yeux. La vue, bien sûr, le terrain escarpé où je fais désormais pousser quelques pieds de vigne, la présence d'arbres fruitiers qui me donnent des pommes et des cerises, un vieux noyer avec lequel les religieux faisaient peut-être de l'huile, et le fait que cette zone, désormais protégée, ne changera sans doute plus jamais, je parlerais presque de coup de foudre. Jusqu'à ces deux cascades qui se succèdent, tonitruantes en descendant des montagnes, sur la gauche de la maison lorsqu'on fait face au lac... La première fait peut-être 5 ou 6 mètres de haut, elle est absolument sublime. Au pied des rochers, une sorte de bassin naturel dans lequel nous aimons nous immerger, quelle que soit la température de l'air, peu importe celle de l'eau. La cataracte se transforme ensuite en un petit torrent, poursuivi par une autre chute d'eau tout aussi spectaculaire, qui file jusqu'au Léman...

C'est une maison qui surplombe le monde, une maison qui semble respirer, comme si elle avait son activité propre, c'était une maison faite pour moi.

La première fois que je m'y suis rendu, les propriétaires étaient là. Ils m'expliquèrent que l'endroit appartenait à leur famille depuis deux siècles et que c'était la dernière parcelle de leur gigantesque propriété qu'ils mettaient en vente. Je n'étais pas le seul à succomber au charme envoûtant du lieu, une Russe, des Chinois voulaient également faire une offre. Mais M. et Mme Monnet n'entendaient pas vendre à n'importe qui : il était important pour eux d'avoir affaire à quelqu'un qui connaisse la nature, ou qui l'apprécie ; en outre, ils savaient déjà qui j'étais... Nous avons sympathisé et l'affaire s'est faite.

Il se dégage de ce lieu hors du temps une forme de pulsion sauvage qui m'a immédiatement regonflé. Quant à l'intérieur, il est à l'unisson. Doucement, j'en change la disposition, charriant vieilles poutres et pierres taillées pour la reconnecter plus encore à la terre où elle a su si bien trouver sa place, pour lui redonner un surcroît de cette spiritualité qui s'était peu à peu effacée au fil du temps.

Même si j'ai passé ma vie, et mes expéditions, en plongeant dans des rivières en furie, en me jouant tant bien que mal des plus gros canyons du monde, en traversant des étendues infinies de vent, de glace ou d'embruns, même après vingt-sept tours du monde, j'ai un besoin viscéral de me retrouver simplement en communion avec la nature. La paix, la félicité, le bonheur qu'elle me dispense alors ressemblent à ces offrandes qu'il est impossible de refuser, mais que l'on ne sait jamais comment rendre.

Cette maison, il me faudra bien sûr la quitter, car je suis un homme qui ne peut rester longtemps immobile, j'ai besoin de projets qui m'emmènent toujours plus loin, j'ai besoin de me confronter physiquement aux tourments du monde, j'ai besoin de voir comment la folie des hommes modifie la nature et le rapport que nous avons avec elle, j'ai besoin de témoigner et d'alerter...

Mais je sais aussi que tout départ n'est que le prélude à un retour. Lorsque je reviendrai, depuis mon lit, simplement en regardant les montagnes devant moi, en écoutant l'eau frapper avec vigueur les pierres sur lesquelles elle rebondit, j'aurai l'impression de me retrouver dans un lieu qui me ressemble.

Parce que cette maison est le reflet de mon âme.

Le K2 et les 4 plus hauts sommets de l'Himalaya

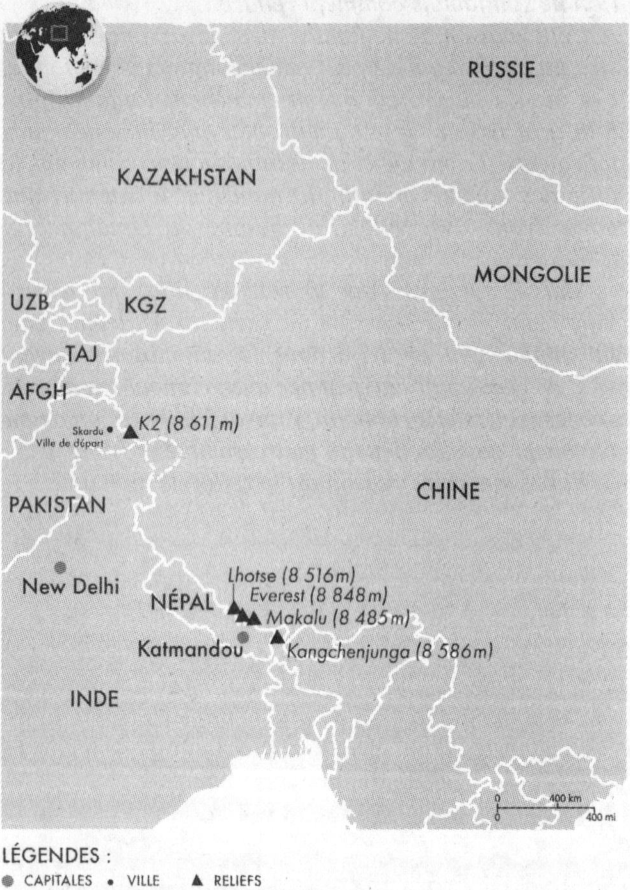

LÉGENDES :

● CAPITALES • VILLE ▲ RELIEFS

À L'ASSAUT DU K2

Vivre

– 1 –

Ne pas avoir peur de recommencer, ne jamais se décourager

« Un revers, quelles que soient son origine ou son intensité, n'est jamais une défaite pour celui qui le subit, à condition qu'il s'en serve pour mieux repartir. »

Je n'arriverai pas en haut. J'ai trop mal : mes orteils et mes doigts ont commencé à geler, et le souffle violent des bourrasques d'altitude ne fait qu'accentuer ma douleur. Fred est parti devant moi, il ne lui reste sans doute que quelques centaines de mètres avant d'accéder au sommet. S'il y parvient, ce sera seul. Pour la quatrième fois, le K2, « la montagne sans pitié » comme on le surnomme parfois, le plus sauvage des plus hauts sommets du monde, va-t-il avoir raison de mes ambitions ? À nouveau, le plus haut sommet du massif du Karakoram, majestueuse et monstrueuse chaîne située au nord du Pakistan, à la frontière avec l'Inde et la Chine, semble vouloir me résister. Un massif qui, excusez du peu, compte quatre des quatorze sommets du monde culminant à plus de 8 000 mètres d'altitude.

J'y suis déjà venu en 2007, en 2010, en 2013 puis en 2015. Sans jamais pouvoir me hisser jusqu'au point culminant de cette flèche maudite qui tient le livre de comptes de ses morts autant que de ceux qui ne sont jamais arrivés à son sommet. Les conditions y sont extrêmes et les caprices météorologiques d'une soudaineté renversante. À chacune de mes tentatives, j'ai été contraint de faire demi-tour et, en 2007, le temps était si mauvais que je n'ai même pas pu tenter l'ascension. Cette fois, il n'est pas question de rebrousser chemin, pas avant d'avoir posé le pied là-haut, à 8 611 mètres.

Le rapport que j'entretiens avec le K2 est en effet d'une étrangeté confondante. Presque conflictuel. Je le désire, et pourtant il me repousse. C'est un combat de preux chevalier que je mène depuis bientôt quinze ans. Sans jamais avoir remporté la victoire ! Ma première tentative remonte donc à 2007. Je me suis lancé avec Fred Roux, déjà guide de haute montagne qui deviendra guide de haute amitié, ainsi qu'avec deux autres himalayistes de grand renom, Jean Troillet et Olivier Roduit, suisses eux aussi, experts et habitués des altitudes suprêmes.

Nous voulions alors enchaîner quatre sommets de 8 000 mètres d'affilée, le K2 devait en être le point d'orgue. Le Gasherbrum 1, puis le 2 se soumettront cette année-là à nos crampons, mais le Broad Peak et le K2 nous résisteront… Un sentiment d'inachevé m'accompagnera dès lors et ne me quittera plus.

Il me faudra réussir, un jour ou l'autre, et je sais prendre mon temps lorsqu'il s'agit de parvenir à mes fins.

La « montagne sans pitié » se refuse à nouveau à moi en 2010. Pas le Broad Peak que je conquiers cette année-là aux côtés de Köbi Reichen, autre guide suisse de renom. Malgré ce succès en demi-teinte, je repars encore une fois du Pakistan avec ce goût amer en bouche : mais quand donc parviendrai-je au sommet du K2 ?

J'y retourne encore une fois en 2013, avec Fred Roux et Köbi Reichen, fidèles déjà en amitié et en soutien lorsque les épreuves et les interrogations m'assaillent. Cette année-là, la période est propice aux tensions, les talibans afghans ne sont pas si loin, les rumeurs d'enlèvements vont bon train, les Occidentaux sont désignés comme des proies faciles pour des demandes de rançon, et puis je bascule dans l'horreur. Cathy m'appelle pour m'annoncer que Céleste, ma jeune sœur, s'est brisé la nuque en tombant d'un balcon duquel elle suivait un gala, à Singapour. Elle serait entre la vie et la mort. Le K2 n'existe plus. Ma petite sœur ! Il me faut repartir immédiatement pour être à son chevet. Plus rien d'autre n'a d'importance. J'arrive à Singapour, les nouvelles sont meilleures, Céleste a été opérée rapidement par un excellent chirurgien, elle devrait s'en sortir.

Rasséréné, bien que moralement ébranlé, je repars pour le Pakistan. Puis je retrouve Fred et Köbi au camp de base. Ils ont eu le temps de s'acclimater à l'altitude, pas moi. Tant pis, on verra bien comment je m'en sors. Nous montons, eux comme des brutes, moi peinant et souffrant comme jamais. Camp de base, camp 1, camp 2 sont les étapes classiques de nos temps de repos. Nos haltes. Indispensables pauses pour permettre aux expéditions de s'adapter et de se reposer. Leur sobre dénomination ne livre rien des difficultés qui attendent ceux qui s'y rendent : le camp de base se situe à environ 5 000 mètres d'altitude, le camp de base avancé, à 5 300, le camp 1, à 6 000 mètres, le camp 2, 700 mètres plus haut, le camp 3 pointe son nez à 7 250 mètres… Jusqu'au dernier, le camp 4, installé à 7 680 mètres. Dernier abri avant le Graal !

À chaque expédition sa façon de faire, en fonction de la condition physique de ses membres, de la météo, de la rapidité escomptée. Il est possible de sauter ainsi quelques rendez-vous pour aller plus vite, pour gagner du temps sur le temps…

Car cette fois, la météo n'est pas seulement capricieuse, elle est odieuse. Un vent glacial dévale les parois, l'air froid lèche la neige qui s'arrache par plaques et risque de tout emporter, les températures extrêmes laminent tous nos espoirs. Köbi préfère rebrousser chemin : « Ça ne passera jamais ! » Je reste avec Fred… Mais nous finirons nous aussi par prendre la sage décision de renoncer, temps pourri, drames incessants autour de nous, recherches, disparitions, morts, tristesse infinie… La montagne est un adversaire redoutable, il faut savoir reconnaître sa supériorité et se retirer pour préparer le prochain round. Je ne m'avoue jamais vaincu.

Enfin, en 2015, je retente le coup, même punition, même regret, même question qui taraude mes légendaires certitudes : y arriverai-je un jour ?

Je ne suis pas de ceux qui refusent l'échec ou craignent jusqu'à sa possibilité. L'échec fait partie intégrante de ma vie, et j'en ai déjà connu mon lot. Chaque fois, j'ai accepté de m'incliner, mais j'ai toujours su me remettre sur pied, sans me laisser déchiqueter par les banderilles de l'abandon. Un revers, quelles que soient son origine ou son intensité, n'est jamais une défaite pour celui qui le subit, à condition qu'il s'en serve pour mieux repartir. Il en sortira plus fort, plus aguerri, plus expérimenté, plus décidé en tout cas à affronter les prochaines morsures de l'existence.

L'échec engendre certes un peu de dépit saupoudré de mélancolie, mais jamais longtemps. La déception qu'il laisse en bouche ressemble à ces boissons que les barmen avertis concoctent aujourd'hui : un peu moins de sucre, un peu plus d'amertume ne rendent pas un cocktail imbuvable, au contraire. La vertu première d'une désillusion est de nous rappeler que le succès que nous recherchons tous, la réussite que nous appelons de nos vœux ne sont jamais garantis.

Si j'étais arrivé au sommet, je sais que mon plaisir aurait été d'une rare puissance, fugace aussi, mais le bonheur ne l'est-il pas toujours ? Un artisan qui construit un meuble, un homme d'affaires qui signe un contrat, un avocat qui défend avec succès un client, connaissent-ils les mêmes serrements de cœur que moi lorsque je réussis ce que j'entreprends ? Les sensations et les émotions ne se mesurent ni ne se comparent, ce n'est qu'une question d'échelle. Chacun les trouve là où il a choisi de la poser. La seule différence, c'est que pour obtenir ce sentiment de plénitude, certains vont courir un marathon, d'autres peindre une aquarelle ou jouer du cor de chasse. Ma quête était bien différente : cette fois, j'entendais enfin conquérir le K2 qui se plaisait à refuser mes avances.

Tout avait bien commencé. Au nord du Pakistan toujours, entre la Chine et l'Inde, là où le massif du

Karakoram déploie ses parois rugueuses, dangereuses et si souvent meurtrières. Une fois arrivé à Skardu, la capitale du district, construite à 2250 mètres d'altitude, à la confluence de l'Indus et de la Shiga, étrangement entourée de dunes, de lacs éblouissants et de montagnes pelées, puis cernée par certains des plus dangereux sommets de la planète, j'ai retrouvé avec plaisir son atmosphère bigarrée, son effervescence perpétuelle, ses hommes assis sur le trottoir autour d'un thé brûlant et discutant de tout et de rien, ses femmes absentes ou cachées dont l'invisibilité heurte toujours dans la ville, ses moutons, ses canards et la poussière que les animaux dégagent lorsqu'ils s'égaillent dans la petite ville et, surtout, son ambiance si cosmopolite depuis qu'elle est devenue l'antichambre des longs treks comme celle des grandes expéditions, versant pakistanais.

Fred Roux m'y attendait déjà. Himalayiste comme on n'en fait guère, ce grimpeur d'exception m'impressionne par sa capacité à ne pas ressentir, ou rarement, la fatigue malgré les méfaits de l'altitude, sa rapidité et sa détermination même quand la situation devient critique. Ce Valaisan à la discrétion légendaire, dispensateur de fous rires salutaires est le meilleur des compagnons d'infortune comme de fortune… Par-dessus tout, Fred est, au fil de nos aventures communes, devenu une source d'inspiration et le plus merveilleux des camarades de galère parce que, comme il aime à le dire : « C'est dans la souffrance que les hommes apprennent à se découvrir et deviennent proches. »

Fred est mon partenaire de grimpe de prédilection. J'apprécie tout particulièrement de m'évader avec lui vers les plus hauts sommets du monde, pour repousser vers le ciel les limites de l'extrême. Ensemble, nous avons affronté la mort, il nous suffit désormais d'un simple regard pour savoir ce que l'autre ressent. La peur, l'excitation, le bonheur, le respect, le doute, la déception, la détermination… C'est ainsi que l'amitié entre deux êtres peut se nouer : quand, sans parler, on parvient à comprendre ce qui se passe dans l'esprit de l'autre. Surtout lors des instants parmi les plus intenses sinon les plus critiques d'une vie…

Nous étions donc quatre ans après notre dernière expédition manquée. Skardu n'était plus qu'un minuscule point derrière nous, déjà se dessinait la marche d'approche jusqu'au camp de base, reconnaissable à sa menaçante escorte de sommets dont le prestige n'égale que la démesure. À nos oreilles chantait cette lente musique qui autorise parfois l'humain à s'élever. Nous ne sommes jamais les bienvenus dans un monde ponctué de silences assourdissants, de bruits terribles, de grondements sinistres lorsque la montagne se fait punitive, de sons inouïs, de sifflements effroyables prompts à faire s'emballer les esprits les plus impressionnables. En écho répond le martèlement des crampons que nous avons fixés à nos chaussures et qui heurtent la glace et les rochers, les crissements des piolets qui, au bout de nos bras, cherchent la faille qui assurera notre progression.

Au pied du K2, nous avions, comme de coutume, enfilé le lourd amoncellement de nos vêtements techniques, sous-vêtements en laine mérinos plus ou moins chauds, combinaison d'expédition en duvet d'oie, veste et pantalon imperméables et respirants, gants et mitaines d'expédition. Dans nos sacs que nous voulions le plus légers possible pour ne pas entraver notre cheminement et en limiter la pénibilité, nous avions pris de quoi lutter contre la faim et les déperditions d'énergie, plus l'équipement classique : crampons, piolets, sacs de couchage efficaces même à – 40 °C, quelques tentes que nous laisserions au fil de notre montée à chaque camp que nous atteindrions ainsi que deux parapentes pour pouvoir regagner rapidement des lieux plus hospitaliers que cette « zone de mort » avec laquelle nous voulions frayer. Notre philosophie diffère de celle de ces grandes caravanes commerciales composées de riches individus payant des dizaines de milliers de dollars pour parvenir à leurs fins, aidés par une armée de porteurs et de sherpas. Soucieux de ne pas perdre leur temps trop précieux, ils progressent en s'accrochant à des cordes fixes, et en respirant de l'oxygène en bouteille sans odeur ni saveur. Pour eux, s'adapter aux conditions de la très haute altitude n'est plus un problème.

Ce n'est pas ma vision de la montagne. Ni la manière dont j'envisage le corps à corps avec la nature.

Fred et moi militons pour une forme de pureté alpine à laquelle je ne dérogerai jamais. Cette fois-ci, comme les précédentes, comme les prochaines.

Ensemble, nous étions donc montés au camp de base avancé, à 5 300 mètres d'altitude, à travers les glaces déjà coupantes et les rochers escarpés, pour débuter notre acclimatation. Nous devions y rester une grosse semaine afin que nos organismes s'habituent à l'oxygène qui se raréfie en haute altitude et réagissent en augmentant le taux d'hématocrite, ces globules rouges qui circulent dans le sang, si nécessaires en ces lieux assassins. Aller trop vite, monter sans s'y préparer prédispose à des troubles multiples. Cela peut débuter par des nausées, des maux de tête, des vomissements, avant de se transformer en œdèmes, cérébral ou pulmonaire, en thromboses, en embolies, souvent mortels. La montagne distribue sans jamais compter ses maux dont les noms mêmes font frissonner. Si l'on y ajoute les méfaits du froid, l'hypothermie, les gelures, les pathologies oculaires et autres ophtalmies dues autant au soleil qu'à sa réflexion sur la neige, le milieu dans lequel nous nous préparions à évoluer n'est pas le plus accueillant.

Une fois sur place, nous avions constaté que nous n'étions pas nombreux. Seul un Japonais arrivé trois semaines auparavant nous avait précédés… D'habitude, cette route est étrangement fréquentée tant l'alpinisme commercial devient une activité monnayable pour les Pakistanais. Le marché leur semble prometteur, et les clients sont toujours plus nombreux.

S'approcher des plus hauts sommets, même encore loin du but, c'est se soumettre aux lois bien plus intempestives de la nature que celles rencontrées dans des lieux plus hospitaliers. Une avalanche vint bousculer les plans du grimpeur japonais. Tandis qu'il était parti un peu plus haut pour maîtriser son acclimatation, tout son matériel avait été emporté par la coulée de neige alors qu'il était en train de grimper. N'ayant plus rien, il avait été obligé de rebrousser chemin. Nous nous sommes retrouvés seuls.

Pas pour longtemps. Au fil des jours, les fameuses expéditions commerciales sont venues remplir l'espace. Je m'attendais à ce que nous ne soyons qu'une douzaine de grimpeurs comme à chaque fois, mais nous étions soudain beaucoup plus nombreux. Cinquante, cent peut-être, je ne perdis pas mon temps à compter, mais l'ambiance virait à la démesure, à la toute-puissance des nantis que rien n'arrête : certains ne grimpent pas pour l'amour de la montagne, pour ce besoin que j'ai, pour ma part, de me jauger face à l'adversité. Ils sont là pour le prestige, pour pouvoir dire : « J'ai fait le K2 » comme d'autres pourraient arguer qu'ils sont arrivés en haut de l'aiguille Blanche de Chamonix en ne prenant pas le téléphérique. Qu'importe si, contrairement à nous, ils grimpent entourés de guides et de porteurs, reliés à ces cordes fixes qui leur assurent une progression sans risque, en inhalant cet oxygène grâce auquel ils n'ont guère besoin de s'acclimater.

Pour Fred et moi en revanche, il fallait du temps. Pendant quelques jours, nous avons donc modulé nótre progression. Pour habituer nos organismes à l'air qui donne l'impression de se raréfier, pour permettre à nos poumons de gérer cette diminution d'oxygène, pour que, le jour venu, nous soyons prêts à entamer nos ultimes hectomètres sans dommages. Nous grimpions, dormions quelques centaines de mètres plus haut, puis nous redescendions récupérer en nous octroyant deux jours de repos… Avant de repartir, de monter plus haut encore, et ainsi de suite. Les camps, et les tentes que nous y laissions, devenaient, le temps de quelques heures réparatrices, les réceptacles presque luxueux de nos aspirations à se rapprocher du très haut.

Les riches qui respirent l'argent et l'oxygène s'installent, eux, au fur et à mesure de leur ascension, dans des camps implantés de plus en plus haut et attendent que la météo veuille bien leur faire une courbette et les laisser passer.

Le seul avantage, et ce n'est pas rien, que Fred et moi trouvons dans la transhumance verticale de ces grosses expéditions, c'est que nous n'avons pas à faire nos traces… Elles nous sont indiquées par les empreintes lourdes des sherpas qui portent sur leur dos les tentes de leurs clients, leurs réserves d'oxygène, leur nourriture. Nous n'avons qu'à les suivre. Tracer sa route dans une neige vierge dont on ignore la qualité et la profondeur est un exercice exténuant. Nous nous satisfaisons de ne pas sombrer dans une débauche d'efforts supplémentaires.

Mais le désagrément ce sont ces cordes fixes auxquelles recourent les expéditions commerciales pour jalonner la montée. Pour ceux qui, comme nous, progressent sans aide, la menace est réelle. Les cordes, qui reposent sur une neige souvent salie par le passage des porteurs, sont invisibles. Nos pieds s'y emmêlent et nos crampons peuvent même y rester accrochés. Ce qui n'est jamais bon, à la fois pour l'équilibre et pour la bonne humeur de notre duo.

Par prudence, nous prenons notre temps, pour être sûrs d'être prêts et avec suffisamment de forces pour la montée finale. Nous avons choisi de passer par l'arête sud-est, dite des « Abruzzes », un éperon rocheux qui tire son nom d'une expédition menée en 1909 par le prince italien Louis-Amédée de Savoie, duc des Abruzzes. Accompagnée du célèbre guide et photographe Vittorio Sella, l'équipe avait atteint l'altitude de 6 666 mètres – ça ne s'invente pas ! –, avant de faire demi-tour sur ce qui est donc maintenant connu sous le nom d'arête, ou d'éperon, des Abruzzes.

Elle est un peu moins difficile que l'arête nord, forcément plus fréquentée, mais pas sans danger. Nous approchons des 7000 mètres. La météo n'y est pas plus favorable, le vent y souffle fort, la neige n'est pas toujours d'une qualité optimale, trop fraîche à certains endroits, si croûteuse à d'autres, et les chutes de séracs peuvent se révéler dévastatrices. En 2008, onze personnes ont trouvé la mort à cause de la rupture de ces gigantesques blocs de glace qui se fracturent soudain et s'écroulent sans prévenir. Dans un bruit si assourdissant qu'il gomme les cris abominables de ceux qui sont emportés.

Mi-juillet, au moment même où une expédition commerciale quittait l'endroit pour monter plus haut, nous sommes installés au camp 2, à 6700 mètres d'altitude. Bien en dessous encore de cette « zone de mort » que l'on situe autour de 8000 mètres. Nous avons passé une nuit tranquille, sommeil sans heurts ni mauvais rêves. Signe que nos corps se sont parfaitement adaptés, même si l'inconfort de la tente que nous nous partageons malmène les huit heures de repos que nous nous octroyons.

Quand nous nous réveillons, il fait grand beau. Se profile une journée comme on en a rarement vu. Le panorama est sublime et le froid n'est même pas outrecuidant. Nous nous sentons prêts à entamer l'ultime ascension.

Au-dessus de nous, le sommet pyramidal du K2 semble à la fois si proche, et si hautain.

– 2 –

Rester en vie, c'est savoir reconnaître la supériorité de l'adversaire

« Passionnés, aventuriers, obstinés mais pas suicidaires. Le danger est trop imprévisible et l'accident quasi inévitable. La "zone de mort" ne doit pas devenir notre cimetière. »

Nous sommes le 16 juillet, la fenêtre météo idéale s'est enfin présentée. Le signal me va droit au cœur : c'est le jour de mon anniversaire et ce n'est pas la première fois que je le fête en altitude… Le moment est venu d'entreprendre l'ascension décisive.

Nous arrivons sans déboires au camp 3, à 7250 mètres, mais décidons de nous installer plus haut, pour nous rapprocher du sommet, et pour éviter l'arrêt au dernier camp, le 4. La montée sera lente, comme toujours, fatigante, comme toujours, mais je marche, comme toujours, le plus régulièrement possible, concentré, énergique presque électrisé par le challenge que j'ai à relever. Je ne suis pourtant que moi-même, minuscule bout d'homme que surplombe l'immensité verticale.

Une fois arrivés, et après avoir trouvé un bon emplacement, nous restons quatre heures, le temps de nous reposer, de manger, de boire, d'installer notre tente et de dormir un peu. Mais pas plus, il n'est jamais bon de s'arrêter trop longtemps là où l'air vient à manquer. Il nous faut continuer vers le sommet. Vite. C'est de cette manière que, sans oxygène, il est possible de conquérir un 8 000 en moins de quarante heures.

Nous avons prévu de partir vers vingt-deux heures pour arriver au matin avec le soleil s'il daigne se montrer, mais, à vingt heures, un léger vent se lève. Fred et moi décidons de quitter la tente et d'y aller parce qu'il nous reste quand même un peu moins de 900 mètres à gravir et que ce n'est pas un souffle, même s'il augmente au fil des heures, qui va nous l'interdire.

Nous n'avons pas d'informations sur les évolutions de la météo. Parce que ici avoir accès aux prévisions coûte une fortune et notre maigre budget ne nous autorise pas cet atout supplémentaire. Nous quittons néanmoins « notre » camp 3, pour arriver au camp 4, situé 250 mètres plus haut, où les expéditions commerciales sont déjà installées. Nous sommes étonnés de constater que rien ne bouge, que tout le monde reste cloîtré dans les tentes alors que le moment semble propice pour accéder rapidement au sommet. Sans doute qu'eux, eu égard aux sommes colossales dépensées, ils ont accès aux fichiers météo et à des alertes d'urgence que le ciel plombé ne peut en aucun cas nous livrer. C'est ainsi. En montagne, plus encore à ces altitudes, le changement est aussi soudain que brutal. Nous ne nous arrêtons pas et, au milieu de la nuit noire, continuons pour arriver au Bottleneck, le fameux goulet d'étranglement du K2, la partie la plus dangereuse de ces derniers hectomètres. C'est un couloir étroit surplombé de séracs parfois mortels. L'entrée de ce véritable entonnoir est d'abord plate, puis elle devient presque verticale. La pente y atteint des degrés, entre cinquante et soixante, qui défient la gravité et les ambitions. Nous sommes obligés de l'emprunter car grimper à travers les séracs est impossible. Il ne nous reste bientôt que 400 mètres à franchir pour accéder au sommet. La nuit est noire. Impénétrable. Nous entamons les derniers efforts, les plus durs car, malgré la proximité de la réussite, les muscles souffrent et nos respirations trépident, mais le temps a bien changé. Il fait froid maintenant, sans doute entre – 30 et – 40 °C ressentis, ce qui n'est pas vraiment surprenant. Mais surtout, le vent a forci, il est glacial et souffle si fort qu'il projette un véritable mur blanc devant ma lampe frontale. Il y a tant de neige qui s'envole que je ne distingue même plus Fred, qui marche peut-être 2 mètres devant moi. Ses traces sont effacées, je commence à avoir froid aux mains, avant de réaliser avec effroi que mes gants sont humides. Cela se produit assez souvent, mais il faut pourtant à tout prix l'éviter sous peine de multiplier les risques d'engelures gravissimes. Les vêtements et les gants, à force de contact avec la neige fraîche, s'imprègnent d'eau. Ce qui ne laisse rien présager de bon…

Nous sommes maintenant dans la fameuse « zone de mort », à plus de 8 200 mètres, une altitude où il est obligatoire de rester sec si tu entends préserver tes pieds et tes doigts, et éviter une amputation. Ce n'est pas très encourageant. Mes doigts sont sensibles au grand froid depuis qu'en 2003, lors de l'une de mes expéditions au pôle Nord, j'avais enlevé un de mes gants pour rattacher les lacets de mes chaussures. Le temps d'exécuter cette opération, puis de retrouver et de remettre le gant que la neige avait un peu recouvert, et le mal s'était propagé sur trois de mes doigts. Malgré mes efforts pour les réchauffer, on dut un peu plus tard m'en enlever quelques bouts… Les affres du gel ne manquent jamais de me rappeler que je n'ai plus tout à fait les mêmes capacités qu'il y a presque vingt ans. Je ne pensais pourtant pas en souffrir à nouveau.

Quelques instants plus tard, je retrouve Fred, qui lui aussi a choisi de s'arrêter un instant. Je lui fais comprendre que ce n'est pas la peine de m'attendre. Même si nous progressons ensemble, nous ne sommes pas attachés, c'est comme si chacun grimpait en solo. Et puis, Fred avance à une vitesse sans doute un peu plus rapide que la mienne. Il repart.

Pendant ce temps, je cherche des gants secs et enfile une doudoune supplémentaire en plumes d'oie pour avoir un peu plus chaud. Ce geste qui peut paraître élémentaire est bien plus complexe que dans la vie quotidienne : se changer à des altitudes ultimes est un défi permanent. Cela implique de trouver un endroit où les risques sont limités, ce serait ballot de chuter au moment d'enfiler une veste… Ensuite, déposer le lourd sac à dos, sortir la doudoune, l'enfiler et la fermer avec des gants énormes, le tout en luttant contre les rafales cinglantes et la morsure du froid. Délicat, compliqué, mais finalement effectué ! Je me sens mieux. Bien sûr, il y a toujours ce vent infernal qui continue à hurler à mes oreilles, comme pour me signifier qu'il finira bien par avoir ma peau.

Je redémarre à mon tour, je ne sens plus ni mes orteils ni mes doigts. Dans cette purée de pois blanche, j'ai perdu la trace de Fred qui évolue un peu devant moi. Je sais qu'il est là quelque part, mais je n'aperçois pas non plus sa lumière. Rien. Tout en le sachant à quelques mètres seulement, je me retrouve seul à plus de 8 000 mètres d'altitude… Voilà qui fait un drôle d'effet. J'arrive au balcon, une sorte de promontoire qui surplombe le fameux Bottleneck. Nous ne sommes plus qu'à 400 mètres de notre objectif, une broutille au regard de ce que nous avons déjà grimpé, au regard des dangers, des obstacles qui nous attendent encore et de la fatigue mentale et physique qui est à présent la nôtre. Le moindre faux pas, l'erreur d'inattention peuvent m'être fatals. Je suis si proche du but, j'ai conscience pourtant que ma vigilance doit être plus grande encore que lorsque je me suis lancé à l'assaut de ce défi. Fred, conformément à ce que nous étions convenus au préalable pour des raisons de sécurité, ne m'a pas attendu, il a pour mission de continuer à grimper au nom de notre pari, au nom de sa sécurité, ce sont les règles du jeu que nous avons établies. Nous sommes l'un comme l'autre isolés dans notre monde. Complètement isolés.

La nuit est toujours d'un noir d'encre, mais sans nuages. C'est déjà ça. Apprendre à se réjouir du moindre « cadeau » de la nature. Je distingue quelques pâles lumières d'étoiles qui se reflètent parfois sur la neige lorsque le vent m'octroie un court répit. J'avance tête baissée, le visage fermé pour éviter qu'il soit exposé au froid trop mordant. Contrairement à celui qui grimpe avec de l'oxygène, dont le masque qui l'aide à respirer le préserve de la morsure du froid, je ne porte pas de protection faciale. Hormis un cache-nez et un tour de cou, je ne peux couvrir mon visage : l'humidité qui sortirait de ma bouche viendrait mouiller le tissu, qui gèlerait alors en causant de désagréables dommages et autres crevasses à ma peau et à mes lèvres.

Je viens d'entrer dans un tunnel dont la longueur m'est inconnue. J'ai beau être préparé, connaître théoriquement la zone, à cette altitude les informations tiennent plus du « on-dit » et du « peut-être » que de la cartographie militaire. De toute façon, la distance à parcourir importe peu, seule compte cette formidable envie de parvenir enfin au sommet !

Ou dans une bulle qui se referme sur moi. Là-haut, le corps transmet ses émotions, son vécu, sa fatigue, mais il n'est plus qu'une machine aux mouvements mécaniques dont l'esprit a pris les commandes. Je marche, j'avance, je progresse, mais ce n'est pas mon corps fatigué qui m'impose ces gestes. Les décisions sont prises par mon esprit. C'est lui qui me conduit là où j'espère aller.

C'est un jeu étrange, un corps et âme d'altitude dont je dois garder la maîtrise et maintenir le semblant d'équilibre. Rester dans le moment présent, analyser ce que je suis en train de faire, décider de la poursuite ou non de ce combat existentiel… Mon corps est connecté à mon cerveau, mais c'est mon cerveau qui a été nommé directeur de conscience, c'est donc lui qui donne les ordres, sans tenir compte de ce que mon corps ressent et encaisse. Dans les conditions extrêmes, j'ai développé une méthode qui peut paraître un peu bizarre. Une sorte d'exercice spirituel, ou plutôt de schéma de pensée dans lequel je tente de faire en sorte que mon esprit se détache de mon enveloppe corporelle, comme s'il lui fallait faire un pas de côté, ou prendre de l'altitude, pour réfléchir aux décisions à prendre. Parvenir à s'extirper de son propre corps, c'est s'offrir la possibilité d'analyser différemment la situation, d'être moins affecté par la fatigue physique, voire mentale. Et être capable de proposer un point de vue, autonome et distancié, comme si c'était un autre que moi qui m'observait et me conseillait sur la conduite à tenir.

Je sais que ce n'est pas très facile à appréhender. Il suffit juste de comprendre qu'à des altitudes aussi élevées la perception est différente, des informations me parviennent, mais je ne sais pas vraiment par quel biais. Ainsi, cette nuit, mon corps m'indique qu'il a froid, que Fred n'est pas avec moi, que je commence à geler, qu'il faudrait sans doute que je dise stop. Tandis que mon esprit, qui a pris le recul nécessaire, me murmure, lui, en mode optimiste : « Continue tranquille. Vas-y, mollo. Le vent va s'arrêter, c'est prévu comme ça. Ne t'inquiète pas, au fur et à mesure que tu vas monter, les conditions vont s'améliorer. »

Mais qui a raison ? Mon corps exténué et attaqué par le froid mordant, ou mon esprit peut-être un peu perturbé par l'altitude et le manque d'oxygène ?

Et dans l'état où je suis, si je continue à grimper encore trois ou quatre heures et parviens au sommet, aurai-je la force d'en redescendre ? J'ai connu un moment délicat il y a quelques années, au Makalu, un autre 8 000 de l'Himalaya, au Népal. Arrivé au sommet en plein milieu de la nuit, j'ai eu l'impression d'être si déconnecté du monde que je me demandais comment j'allais pouvoir redescendre. À ces altitudes, la montagne paraît tellement surdimensionnée démesurée, dantesque, disproportionnée qu'il est aisé, pour un humain minuscule, de s'y perdre. Et si tu te trompes de chemin, tu as de grandes chances de ne jamais retrouver le bon. Souvent, tu n'as même plus la force de remonter pour tout recommencer…

Heureusement, la vigilance de mon esprit a pris le dessus sur la lassitude de mon corps.

Je ne suis plus en contact avec Fred, il est dans sa propre obscurité, plus haut, prudent comme toujours dans les pas qu'il doit faire : la neige n'est pas toujours totalement collée à la paroi, elle est parfois simplement posée sur une couche plus dure, et peut s'en détacher en une fraction de seconde, entraînant avec elle celui qui vient d'y poser la main, ou le pied. C'est ce qu'on appelle des plaques à vent, il faut redoubler d'attention. Plus tard, lorsque nous échangerons sur ces moments en solo, Fred me racontera que, dans un passage un peu raide, il a voulu m'attendre, contrairement à notre accord. Mais lorsqu'il a enfoncé son pied dans la neige il a senti qu'il n'y avait rien de vraiment solide dessous. De quoi vouloir se transformer en danseur acrobate pour ne pas peser sur la glace comme les grimpeurs équipés que nous sommes. Il savait que je n'allais pas tarder. Il s'est alors blotti derrière une congère pour être un peu mieux protégé du vent.

J'arrive et je le vois qui ne bouge pas. Je l'imagine sans doute fatigué, patientant avant que je le rejoigne. À mon tour, je sens mon pied qui s'enfonce dans un néant trop mou, je ne suis plus en relation directe avec mon corps, je comprends que quelque chose ne va pas, mais ne parviens pas à définir mon mal-être. Le vent qui siffle, les couches de vêtements, nos visages qui se figent, il est difficile de communiquer. Je parviens quand même à dire à Fred que, vu les conditions, je préférerais rebrousser chemin. Passionnés, aventuriers, obstinés mais pas suicidaires. Le danger est trop imprévisible et l'accident quasi inévitable. La « zone de mort » ne doit pas devenir notre cimetière. Fred me répond la même chose : « On ne montera pas. » Nous ne sommes plus qu'à trois heures et demie, quatre heures du sommet… Si peu, si loin, si dangereux. Pour ne parcourir que les 400 derniers mètres d'ascension : ici, on compte environ une heure pour s'élever de 100 mètres. Mais le vent, le froid et la neige nous tuent à petit feu, l'absence de visibilité, la maigre qualité et la trop fine épaisseur de la neige, même sur ces hauts sommets, ont raison de nos derniers regrets. En un sens, nous ne renonçons pas, le réchauffement a décidé pour nous, nous sommes montés aussi loin que nous le pouvions avec l'assurance de pouvoir redescendre et… de rester en vie. Si près du but, et en même temps si loin. Que représentent 400 mètres à l'échelle de l'histoire de l'alpinisme et de nos vies ?

Nous faisons donc demi-tour. Pour qui préfère les statistiques à l'expérience vécue, le K2 est si technique et difficile qu'il est redouté autant à la montée qu'à la descente : soixante pour cent de ceux qui y ont laissé la vie sont morts en grimpant, le reste lors du chemin inverse. Cela n'a rien d'étonnant, contrairement à ce qu'ont tendance à penser les néophytes, les obstacles et les dangers ne disparaissent pas miraculeusement en descente ! Les séracs ne sont pas moins redoutables au retour, et il faut parfois dévier de sa trajectoire pour éviter un piège.

Nous atteignons péniblement le Bottleneck, où les expéditions commerciales laissent parfois des tentes pour que les gens arrivés au sommet puissent se reposer lorsqu'ils en reviennent. Nous espérons y faire halte un court instant. Quelques sherpas occupent le seul abri disponible. On aimerait s'y réfugier, attendre un peu avant de redescendre vers le camp de base… Fred entre leur expliquer d'où nous arrivons, puis il leur demande si l'on peut se poser dans l'entrée de leur tente, sorte de vestibule inoccupé, histoire de se protéger et de se réchauffer.

Mais les sherpas refusent de nous laisser entrer. Répétant : « *You can't get in, you go down* » (« Vous ne pouvez pas entrer, vous n'avez qu'à descendre »). Je n'avais jamais vu ça de ma vie. À 8 000 mètres d'altitude, sans oxygène, essuyer un tel refus me paraît inconcevable. Là encore, je peux y voir le résultat de ces expéditions où l'argent-roi dicte sa loi. Les sherpas sont engagés par des clients, et par personne d'autre. Pas question d'accorder la moindre hospitalité à ceux qui ne sont pas dans le « système » ou ne contribuent pas à cette nouvelle forme d'économie de l'extrême. Un peu marri, sans réaction, même si j'aurais aimé les injurier pour leur faire comprendre mon ressentiment, ce n'est pas la peine de gaspiller ce temps qui commence à filer. Nous n'avons guère d'alternative. Pas question de creuser un trou pour nous mettre dedans et nous protéger du vent, parce que, de toute façon, nous ne pourrions ni nous réchauffer ni récupérer. Il n'existe qu'une solution : continuer notre descente. On essaie de négocier une dernière fois avec les occupants de l'abri de toile, mais ils restent inflexibles. Qu'on ne nous parle plus de la solidarité des montagnards ! Quand l'argent coule à flots, les places deviennent chères.

Nous reprenons donc notre route.

Une nouvelle bataille nous attend, celle que nous allons devoir livrer, crampons aux pieds et piolets en main, face à la montagne, ses pulsions meurtrières et ses façades de pierre dure. Comme lors de la montée, nous avons constamment en main les petites pioches qui assurent notre sécurité. Enfoncées dans la glace ou dans la roche, nous nous reposons sur elles, en espérant qu'elles ne lâcheront pas. Seulement ces manipulations nous obligent à avoir les bras en l'air pour les tenir. Ce qui signifie que la circulation sanguine est perturbée et que le sang ne parvient plus aussi facilement au bout de nos doigts. Ma sensibilité, déjà fragilisée par le froid, en prend un nouveau coup. Il devient extrêmement fatigant et pénible de progresser. Descendre avec les crampons en se raccrochant aux piolets, les retirer et frapper la paroi un peu plus bas avec le premier, puis avec le second. À plusieurs reprises pour que les deux outils soient chaque fois bien plantés. J'en bave dans les passages les plus verticaux. Lorsque nous en sortons, si le terrain est un peu plus accueillant, nous frappons cette fois le sol avec nos crampons en même temps pour activer la circulation et savoir si nous avons toujours des sensations au bout des orteils.

Cela va nous prendre des heures et des heures qui nous paraissent des années. À contourner les crevasses qui se multiplient, à traverser les ponts de neige qui menacent de céder, cet enfer vertical semble sans fin… Nous sommes à bout de forces. Nous tenons bon parce que les tentes que nous avions installées se trouvent à l'endroit que nous étions convenus d'appeler « notre » camp 3, environ 400 mètres plus bas. Elles devraient être notre salut.

Chaque fois que nous parcourons une dizaine de mètres, nous nous arrêtons pour reprendre notre souffle. Pas trop longtemps parce que, faire une halte, c'est prendre le risque de ne plus vouloir repartir. S'endormir malgré nous, geler, tomber en syncope, cesser de respirer… Le froid mordant s'acoquine avec la fatigue pour former un duo meurtrier. Et la dépense d'énergie pour se remettre en route alors que nous sommes physiquement éteints et mentalement fragilisés est si forte que moins nous nous arrêtons, plus nous conservons de chances de survivre.

Le vent tord toujours nos espoirs et notre volonté, nous arrivons au camp 3 où nous avions laissé nos petites maisons de toile. Elles ne sont plus là ! Mal fixées sans doute, en tout cas pas assez pour résister à la violence du souffle, elles se sont envolées ! Envolées !

La torture mentale est à son apogée. La torture physique la suit de très près. Je ne suis pas du genre à me plaindre des conditions que je rencontre, mais là je crois n'avoir encore jamais atteint un tel niveau. J'ai fait de la lutte contre l'adversité ma routine de vie, qu'à cela ne tienne, ce n'est qu'un degré de plus à dépasser.

Il n'y a plus personne. La plupart des grimpeurs ont probablement décidé de se réfugier plus bas. Il est encore impossible de s'arrêter. Cette zone n'est pas vraiment faite pour les vivants, surtout lorsqu'ils sont exténués. Encore une fois, nous reprenons notre calvaire.

Cent mètres plus bas, nous apercevons enfin une tente. C'est celle que deux Bulgares que nous avions croisés et qui grimpaient comme nous ont laissée. Ils ont sans doute rallié eux aussi une altitude plus supportable pour un humain. Elle est vide. Nous y entrons. Il n'y a ni sacs de couchage ni matelas, mais c'est déjà bien. Emmitouflés dans nos épaisseurs de vêtements, nous nous asseyons.

J'enlève immédiatement mes chaussures. Fred se sent fatigué, accablé de sommeil. Il doit tenir, il doit avant tout se réchauffer les pieds et les mains. Déjà, il commence à sombrer.

« Fred, il ne faut pas dormir, pense d'abord à tes pieds.

— De toute façon, je ne les sens pas », me répond-il à demi comateux.

Il doit être deux heures du matin. J'enlève mes chaussettes toujours humides et me masse pieds et orteils. Toutes les trois secondes, je secoue Fred pour ne pas qu'il s'endorme. Mais il ne se réveille plus, se contente de grommeler… Je l'entends respirer régulièrement tandis que je continue à malaxer mes extrémités pour rétablir la circulation sanguine.

Je commence à retrouver de bonnes sensations, mes orteils bougent, la tente nous protège de la tempête qui vocifère derrière la toile… Nous sommes sains et saufs ! Fred dort déjà profondément. Je somnole un peu à mon tour, puis je me réveille, et je masse à nouveau mes pieds. J'ai posé une nouvelle paire de chaussettes sur mes orteils pour que ma température corporelle les réchauffe, puis je les enfile à la place de celles qui sont encore un peu humides. Je me sens mieux, le matin se précise, je vois le soleil se lever à travers la toile de tente. Il faisait sombre, la lumière me ramène à la vie.

Le vent s'arrête, Fred se réveille. Nous sommes sans doute un peu moins épuisés, mais notre expédition est bel et bien terminée…

Une fois dehors, nous observons les sherpas du camp 4, ceux qui nous avaient refoulés, quitter leur tente pour monter poser des cordes fixes pour leurs clients à venir. Ils travaillent vite et bien, mais soudain une plaque à vent se détache, ils se retrouvent tous les quatre suspendus à la même corde, qui ne tient sans doute que par quelques vis. Les deux qui se trouvent le plus bas parviennent à retrouver une position convenable et récupèrent tant bien que mal les deux autres, pantins immobiles qui ont sans doute senti passer le vent du danger.

Ils redescendront et feront savoir que, pour l'instant, le K2 ne laisse passer personne.

De notre côté, nous continuons notre lente descente vers des altitudes moins hostiles. Nous arrivons au camp 2. Là où nous avions enterré nos deux parapentes. Il faut prendre une décision sensée. Et surtout commune. L'un de nous va pouvoir utiliser le sien pour s'envoler afin de descendre rapidement au camp de base. L'autre fera le trajet à pied pour rapporter le matériel. Après mûre réflexion, nous décidons que Fred va récupérer sa toile volante et prendre la voie des airs. Je préfère être celui qui redescendra le matériel à pied quand bien même cela peut surprendre. Vingt minutes plus tard, Fred est au camp de base, alors que je suis toujours à 7300 mètres. Cela me prendra une vingtaine d'heures avant d'arriver à bon port.

Je suis harassé, tout mon corps est en souffrance, mais cette longue redescente est un sas salvateur pour mieux atterrir. Quand je le rejoins, épuisé, fourbu, foutu, Fred m'attend propre comme un sou neuf, rasséréné physiquement mais éprouvé moralement. Inquiet pour moi, il a vécu ces heures comme s'il était à mes côtés… Quelle joie, quel soulagement de nous retrouver !

À nouveau, la montagne s'est révélée trop dangereuse, trop mauvaise, ce ne sera pas pour cette fois… Elle souffre indéniablement de méfaits du réchauffement climatique et se défend comme un animal blessé. Fred, qui a toujours les bons mots, me dit : « Écoute, Mike, on a essayé, on a fait tout ce qu'on pouvait. En décidant de rentrer, nous avons pris la bonne décision, c'était un choix de grimpeurs responsables. Et puis, poursuit-il, je n'ai pas aimé l'ambiance générale, je l'ai trouvée pourrie… Ce refus de ne pas nous laisser entrer dans la tente, je ne peux pas l'accepter parce que, en haute altitude, ça ne se passe pas comme ça. Chacun est aussi là pour soutenir l'autre. »

Je suis d'accord avec lui, les égoïsmes ne feront jamais bon ménage avec l'altitude, une histoire de hauteur de vue, ou de grandeur d'esprit. Deux dimensions qui se perdent à mesure que l'on s'élève, et que l'on se retrouve, hélas, dans cette grande déchetterie à ciel ouvert que devient le K2. Comme l'Everest, la montagne magique est victime de son succès et des bassesses de l'homme. Trop de monde, trop d'argent, trop de bouteilles d'oxygène laissées à l'abandon…

Ma déception immédiate est à la hauteur de mes attentes. Décidément ! Si j'avais eu dix jours de plus, je me serais battu pour remonter et enfin triompher de cette montagne qui m'a toujours autant attiré qu'inspiré. Mais je n'ai pas dix jours de plus.

– 3 –

Voir la réussite à venir dans l'échec (relatif) du moment

« Je veux toujours tout tenter, tout braver
en restant fidèle à moi-même, prendre en main
mon destin, affronter parfois des conditions féroces
qui me contraindront à modifier mes actes,
m'étonner que la vie paraisse injuste,
accepter de ne pas arriver au but fixé,
et je continuerai, malgré toutes les désillusions
du monde. »

En choisissant avec Fred de faire demi-tour, nous avons pris la seule décision raisonnable possible. Nous étions devant une porte close, espérant qu'elle s'ouvre pour nous laisser monter jusqu'au sommet. L'opportunité ne s'est pas présentée, ou nous n'avions pas la bonne clé, ou la serrure était cassée, en tout cas, la porte s'est voilée lorsque nous avons voulu la forcer. C'est tout. Ni plus, ni moins. Nous ne pouvons pas changer la nature, nous devons sans cesse nous adapter à ce qu'elle nous présente, ou à ce qu'elle nous inflige.

J'ai toujours pensé que les échecs n'étaient que des briques que l'homme doit apprendre à utiliser pour se construire. Les miens font partie de mon être au même titre que mes réussites. Je veux toujours tout tenter, tout braver en restant fidèle à moi-même, prendre en main mon destin, affronter parfois des conditions féroces qui me contraindront à modifier mes actes, m'étonner que la vie paraisse injuste, accepter de ne pas arriver au but fixé, et je continuerai, malgré toutes les désillusions du monde.

Atteindre, ou pas, le sommet du K2, c'était d'abord me confronter une nouvelle fois aux obstacles que la Terre dresse devant l'obstination des humains, car peu importe le résultat, j'apprécie les leçons qu'elle me donne. Leçons de vie, leçons d'humilité, leçons de courage, elle me prouve sans cesse que mon premier devoir d'homme, c'est d'écouter ce qu'elle me dit, et le second, c'est de la respecter en vertu des informations qu'elle me transmet. Je ne suis pas ici pour modifier la façon dont la Terre tourne, pour corriger la circulation des vents ou pour inverser le sens des grands courants océaniques. Je suis ici pour vivre ce que j'ai choisi de vivre, quoi qu'il m'en coûte.

Dès lors l'échec, s'il survient, n'est qu'une leçon de plus à digérer. Bien sûr, il faut toujours l'envisager. Car, s'il se présente, je dois être capable de l'accepter, de le surmonter, de le transformer. N'en déplaise aux orgueilleux, l'échec n'est pas une fin en soi, il n'est qu'une marche supplémentaire pour accéder à la réussite.

C'est ce que je ressassais en redescendant vers la vallée, en me satisfaisant d'être toujours vivant et en me disant que c'était là l'essentiel. Certains me parleront de débâcle, morale surtout, mais je m'en moque. Je suis allé au plus haut de mes aspirations, j'ai probablement atteint mes limites sans cependant les outrepasser, j'ai donné tout ce que j'avais en moi. À mes yeux, l'échec aurait été que l'on soit obligé de m'amputer les pieds, ou les mains. Parce que cela m'aurait forcé à transformer mon existence.

Il est de toute façon impossible, dans la profession que j'ai choisie, d'avoir un contrôle total sur l'environnement. Je ne contrôle rien, pas même ma propre existence. Et c'est tant mieux, la monotonie comme l'absence de surprise rouillent mon mental. Je n'avance que dans le challenge, dans la maîtrise comme dans l'échec. C'est ainsi que j'apprends, que je progresse, que je me rends compte des erreurs à ne plus commettre, et que je me prépare pour la suite de mes aventures. Un jour, je sais que la nature m'enverra un message pour me dire que tout est fini entre elle et moi. Je l'accepterai avec calme et déférence et la remercierai, fier de mes succès autant que de mes échecs.

La vie n'est pas un simple calendrier dont tu coches les jours en attendant la fin, la vie ne peut se résumer à cette fatalité collective qui transforme les esprits faibles en moutons impavides et formatés… Je milite même depuis des années pour que la vie de chacun soit large avant d'être longue. Une vie longue, ce n'est finalement qu'une histoire de durée, de temps qui s'évapore avec une régularité de métronome ; une vie large, c'est laisser la place aux aventures vécues, c'est laisser libre cours à nos envies les plus folles. Plus tu entreprendras de choses, plus tu courras de risques, plus ta vie deviendra large. Peu importe alors le temps que cela durera, et peu importent les désillusions que cela t'infligera…

Vivre étroitement, c'est sans doute vivre plus longtemps, mais ce n'est pas vivre à cent pour cent comme j'ai toujours essayé de le faire. Lorsque j'étais encore en Afrique du Sud, une fois terminée ma période militaire, j'ai travaillé dans l'import-export avec l'un de mes oncles. J'ai commencé à faire du commerce, à gagner de l'argent, j'étais sur la voie de la réussite telle qu'on la conçoit dans nos pays si sensibles à la reconnaissance sociale, au compte en banque rebondi, au paraître plutôt qu'à l'être. Cette perspective de devenir un homme comme tant d'autres, je l'ai soudain trouvée restreinte et sans plaisir. Alors j'ai dit stop, j'arrête, j'ai essayé de regarder mon parcours avec sincérité et honnêteté, et j'ai décidé de tirer un trait, de partir. J'ai pris un avion et suis arrivé en Suisse. Je savais que rien ne serait facile, mais c'est ce qui m'attirait plus que tout.

Rester dans ma zone de confort, au quotidien, dans un environnement sécurisé, ce n'est pas pour moi. Je préfère mille fois sortir des routines et des règles pour pénétrer dans ces zones où la certitude n'existe pas, où les risques à prendre bousculent les habitudes, où les dangers menacent, où l'échec demeure une possibilité au moins aussi forte que le succès. J'ai appris par moi-même à avoir de l'audace, à accepter le lâcher-prise. Le courage et l'intrépidité ne sont pas des concepts philosophiques, mais des mots d'action. Mieux vaut, à mes yeux, une vie risquée au bord de la falaise, là où l'on constate la grandeur du monde et la petitesse de son être, là où, si on fait un mauvais pas, son dernier instant peut arriver très vite, qu'une existence pataude et routinière, à l'écart de tous les dangers. Certes, l'erreur y est admise, mais ce que tu vois autour de toi ne respire que la fadeur, l'immobilisme et l'ennui.

Sortir d'une vie millimétrée et sans aspérités, c'est dessiner soi-même le chemin de l'apprentissage, celui qui mène progressivement à l'accomplissement de ses rêves. À travers des très hauts et des très bas.

Il n'existe pas l'homme qui prétendrait n'avoir jamais connu la défaite, dans son travail, dans ses amours, dans ses actions. Ce serait un menteur, ou alors un fou.

Deux jours, plus tard, une fois redescendu à Skardu, son activité incessante malgré l'altitude, son sol plat pour celui qui revient du monde vertical, le sourire et la bonhomie de ses habitants, leur façon si spontanée d'ouvrir autant leurs bras que leurs cœurs, j'ai pris le temps de me restaurer et de retrouver le goût des bonnes choses. Je me suis rendu dans le petit restaurant qui nous régale habituellement lorsque nous séjournons dans la ville. J'ai déjeuné à la pakistanaise, car il n'y a rien de mieux pour s'imprégner d'une culture ou d'un état d'esprit que de découvrir l'alimentation locale. Ici, c'est riz, lentilles, lait fermenté, viande de chèvre, chapatis sortis du four, thé brûlant, rien de semblable à ce que je mange chez moi au quotidien. Mais les mets les plus raffinés ne sortent pas forcément des cuisines étoilées que nous connaissons, ni de la créativité de ceux que nous nommons « chefs », la saveur de la nourriture dépend de notre état d'esprit du moment. Ici, ce que je mange a le goût de la vie retrouvée. Et si j'aime me rendre dans cet endroit qui respire la simplicité et l'accueil, c'est parce qu'une fois j'y avais entendu, de la voix même du cuisinier qui me nourrissait, une phrase qui fait toujours sens : « En fait, Mike ne vit pas dans la nature, c'est la nature qui vit à l'intérieur de lui. »

Avant de m'envoler pour Islamabad, puis pour le Japon où je devais retrouver Jacek et Laure et partir avec eux en direction du détroit de Béring et de l'Alaska, dans une des mers les plus dangereuses du monde, je profitais de ces quelques heures de repos pour réfléchir encore à la notion d'échec, ou plutôt à la manière dont il est toujours possible de le positiver.

Regretter une défaite, un acte manqué ou un ratage de grande envergure est un sentiment classique, mais les accepter, c'est aussi une manière de se libérer, de se dire que ce poids qui soudain pesait sur tes épaules et t'empêchait d'avancer, tu es capable de t'en débarrasser en le posant à terre et en continuant ta route. Il faut juste un peu de temps pour réfléchir à ce qu'il vient de t'arriver et au pourquoi de l'échec…

La déception n'est jamais agréable, ne pas arriver au sommet comme je l'avais imaginé, ne pas lever les bras et le piolet comme l'ont fait avant moi tous les grands alpinistes de l'Histoire, transforme l'attente que j'avais de cet instant en une sorte de désarroi moral. Il ne faut surtout pas qu'il dure, ou s'immisce dans ma manière de vivre.

Peut-être aurais-je dû mettre la barre un peu moins haut, peut-être n'ai-je pas pris assez de temps, peut-être aurais-je dû rester dix jours de plus… C'était impossible : dix jours plus tard, il était impératif que je sois à bord de *Pangaea* pour faire route et me rapprocher du pôle Nord.

En y réfléchissant, et pour rebondir positivement, j'étais désormais convaincu que mon projet suivant devait être exemplaire et résulter de mes déconvenues les plus récentes. En traversant avec succès le pôle Nord, non seulement j'espérais écrire une nouvelle page de l'histoire des explorations polaires, mais je voulais aussi démontrer que d'un échec relatif je pouvais faire une force.

Car que représente-t-il, finalement, cet abandon à quelques mètres du sommet du K2 ? Un objectif non atteint ou un dépassement de moi-même ? Une partie de mon histoire en tout cas, un paragraphe à peine du livre de ma vie. Il y a longtemps, la nature m'a tendu un porte-plume en me disant : « Traverse les océans et les continents, va toucher les bouts de notre monde, renverse les montagnes, ainsi tu pourras nous raconter qui tu es et ce que tu as envie d'accomplir. Mais si tu ne t'en sens pas capable, ce n'est pas grave, je donnerai le stylo à quelqu'un d'autre. »

En attendant que la nature me désigne le moment où il me faudra mettre un point final à mes aventures, je continue donc : « Oui, j'ai construit un bateau pour sillonner le monde. Oui, j'ai fait le tour de la planète en suivant le cercle arctique polaire. Oui, j'ai traversé le pôle Sud. Oui, je suis allé au pôle Nord et je vais y retourner avec Børge Ousland pour tenter de le traverser entièrement. Oui, j'ai connu des échecs dont je suis sorti plus fort. Oui, tout cela représente à mes yeux les premiers tomes d'une épopée qu'un jour il me faudra relier… »

Car même si rien n'aura jamais autant de valeur que la préservation des moments vécus, si rien n'a autant de force que les souvenirs que je porte à l'intérieur de moi, bons et mauvais, tous fourrés dans un même sac émotionnel, la mélancolie n'est pas un pays où j'aimerais vivre, je ne veux pas de son tampon sur mon passeport… J'ai désormais envie d'en découdre, de m'opposer, de vaincre, là-haut, dans l'Arctique, pour réaliser ce que personne n'a encore fait.

La vie, la mort, mes amies

Lorsque nous étions enfants, en Afrique du Sud, ma mère avait pour habitude de noter toutes les questions que ma sœur, mes frères et moi lui posions, ces questions apparemment si naïves mais dont on s'aperçoit plus tard qu'elles ne le sont pas tant que cela. Une fois que nous avons atteint l'âge adulte, elle nous a offert les quelques pages qu'elle avait griffonnées et les réponses qu'elle y avait notées... C'était un cadeau qui donnait à réfléchir et à mieux comprendre qui nous sommes, ou plutôt comment nous le sommes devenus.

En ce qui me concernait, les questions les plus fréquentes me paraissent désormais étonnantes et annoncent en même temps l'homme que j'allais essayer d'être. Je lui demandais par exemple si l'on pouvait marcher, voire habiter sur les nuages, ou de quoi était faite une ombre, et pourquoi la mienne me suivait sous le soleil, alors que je détestais ça... Je la questionnais aussi sur les arbres, parce que très vite face à ces géants que je considérais comme des êtres aussi vivants que moi, je me suis interrogé sur leur langage, sur leur mode de communication...

Et puis, j'ai demandé à ma mère de me préciser les contours de la vie, et de sa conséquence inéluctable, la mort. Jusqu'à quand respire-t-on, que se passe-t-il ensuite ? Je ne me souvenais pas de ses réponses, mais les ai redécouvertes plus tard. La principale était simple : « Considère que nous avons environ trente mille jours à vivre, sur une planète que tu peux adapter en proportion de ta propre vie. La Terre n'est ni trop grande ni trop petite, c'est à toi d'en estimer la taille et d'y trouver ce que tu recherches au fond de toi. »

Mais autour de chez nous, ai-je dû aussi lui demander, jusqu'où ça va ? Parce que j'avais de la peine à comprendre où s'arrêtait mon monde d'enfant.

C'est donc elle qui m'a fait comprendre que notre vieille planète, ses océans, ses continents étaient à la mesure de chacun d'entre nous, en fonction de ce qu'il désirait vivre. La vision que l'on en a dépend de tant de choses, de notre éducation, de notre conception des libertés individuelles, des rencontres, de nos envies presque primitives qui vont nous accompagner en traversant ces années qui mènent au monde des cœurs matures...

Enfant, j'ai vécu sans guère d'entraves. Rapidement, j'ai voulu découvrir ce qu'il y avait par-delà la maison familiale ; avec mes yeux d'alors, je pensais que je pourrais tout voir, tout embrasser, tout délimiter ! La liberté que je ressentais en partant sur mon vélo pendant des heures me convainquit que si je connaissais très bien autour de chez nous, il existait toujours un plus loin. J'ai voulu aller voir ce qu'il s'y passait, et c'est là que ma mère me disait : « Écoute, attends un peu, une fois que tu seras grand, tu pourras aller où tu veux ! » Progressivement, je compris qu'il y avait des pays différents, que d'étranges moyens de transport pourraient m'emmener aux confins du monde, bien au-delà de l'endroit où nous habitions. Mais mes questions demeuraient incessantes : lorsque mon père, à son tour, m'emmenait près de l'aéroport pour que je voie décoller les avions, je lui demandais toujours où ils allaient et qui étaient les gens qui avaient pris place à leur bord... Ma vie, déjà, était attirée par l'ailleurs, elle allait chercher un autre intérêt que celui qui planait autour de l'endroit qui m'avait vu naître.

J'ai aussi très vite assimilé, eu égard à ces trente mille jours pendant lesquels un homme reste sur terre – même si cette notion de milliers de jours et de nuits était délicate à modéliser pour un jeune esprit –, que, quel que serait mon parcours, il me faudrait jouir à ma manière du temps que l'on m'avait alloué. Je n'avais nullement envie, une fois arrivé à cet âge, constatant qu'il me reste encore tant de choses à faire, de n'avoir plus la force de m'y jeter à corps perdu.

Car la fin d'une existence ne se décrète pas, qu'on passe sa vie peinard à la maison ou qu'on la risque dans des expéditions qui s'avèrent de plus en plus dangereuses. Je ne parle pas de la maladie qui met un terme aux existences sans que personne demande rien, je ne le sais que trop bien, je parle de la malchance, de l'accident, ou d'une intervention divine qui, comme le prétendent certains, te punirait pour un péché commis. Je ne crois pas que ce soit Dieu qui te châtie parce que tu lui aurais déplu, sinon pourquoi les meilleurs partent-ils si souvent avant les autres ?

Quand Cathy, alors qu'elle sentait qu'elle n'en avait plus pour très longtemps, me disait : « Écoute, moi, je vais là où c'est peut-être mieux. Toi, reste sur terre, fais ce que tu as à faire, tu viendras me rejoindre plus tard », malgré l'amour que je lui portais, malgré la douleur qui m'étreignait, j'adhérais à sa proposition parce que, moi aussi, j'ai toujours considéré la mort, non comme une fin, mais plutôt comme le début d'une nouvelle aventure.

On me questionne souvent sur cette capacité que j'aurais à dépasser mes limites, sur cette envie que j'aurais de flirter avec les frontières du vivant, sur l'idée que je me fais de cette notion dont nul n'est capable de dire, y compris moi-même, si je m'appuie sur elle ou si je l'utilise pour aller plus loin encore. Qui pourra me certifier que la mort est une camarade de jeu, ou une ennemie qui ne dit pas son nom ?

Je n'ai en tout cas jamais eu peur de mourir. Même lorsque j'étais militaire dans l'armée sud-africaine et que je suis parti faire la guerre en Angola, que j'ai vu des copains mourir à côté de moi et que je devais mettre leurs cadavres dans des sacs, la seule interrogation qui me taraudait, c'était d'essayer de comprendre pourquoi ils avaient été appelés et pas moi… La vie laisse parfois flotter un étrange sentiment qui ressemble à de l'égoïsme, comme si seuls comptaient l'air que tu respires encore, la bière que tu vas aller boire en pensant aux disparus, les amis avec qui tu vas pouvoir rire encore en te souvenant de ceux qui ne sont plus là.

Un enterrement n'est que douleur pour ceux qui restent. Il leur faut pourtant continuer à vivre.

Alors, chaque jour que je passe en restant debout ressemble à un bonus, j'ai pleinement conscience que cela s'arrêtera, je tire néanmoins une force inépuisable de ce sentiment, j'en abuse même parfois... Jusqu'au paradoxe : on ne devient pas plus fort en restant caché, au contraire, on se fane. Mais pour rester vivant plus longtemps, il faut devenir fort... S'exposer donc.

C'est ce que je fais chaque fois que je pars pour une expédition que personne n'a pu entreprendre avant moi, en étant tout à fait conscient que, si cela tourne mal, je pourrais ne pas revenir. Peu m'importe, tant que je réalise les choses que j'ai décidé de faire, tant que je vais au bout de moi-même. Ne pas essayer, et disparaître un jour sans savoir si cela aurait été possible, est une idée que je réfute, une négation de ma présence sur terre ! Pour savoir si ce que j'envisage est réalisable, même si je dois y laisser ma peau, même si cela doit me conduire vers une autre vie, je sens au plus profond de mon être qu'il faut que j'y aille. C'est ainsi que je me suis constitué.

Et c'est ainsi que d'autres, comme Cathy, m'ont aidé, m'ont encouragé, porté, supporté même.

Chez moi, et peut-être est-ce pareil chez chacun d'entre nous, la vie et la mort cohabitent dans les pensées, sans que je m'en soucie. Cette inquiétude me semble pourtant fréquente dans nos civilisations emplies de questions existentielles et de réponses terre à terre. J'aimerais aider ceux qui ne parviennent pas à s'en détacher, ceux pour qui les problèmes personnels, la dépression, le désir d'en finir prennent le pas sur les plaisirs simples de l'existence. Oui, dix fois dans ta vie, tu vas te demander comment sortir d'une situation compliquée, douloureuse, mais dix fois tu vas rebondir. C'est là qu'il faut se tenir droit. Pas facile, car à cet instant tu peux croire que la vie t'en veut, et que la mort te veut.

Je crois qu'il suffit avant tout de rester fort ! J'y parviens toujours lorsque je traverse des moments extrêmes, car durant ces instants plus ou moins longs, par instinct et par expérience, je me suis aperçu que je n'avais pas envie de mourir. Chez moi, la possibilité de disparaître survient plutôt quand tout va bien, quand tout est confortable, quand je suis en perte de sens. Lorsque tout va mal, quand je suis loin, quand je suis seul, je ressens toujours le besoin de me battre.

À la vie, à la mort, comme disent les guerriers.

Contrairement à ce qu'imaginent ceux qui me connaissent mal, quand je quitte la maison, je ne pense pas à mourir, je pense simplement à vivre une nouvelle expérience extraordinaire. Or on ne meurt pas d'une expérience extraordinaire, on en revient, même si l'on n'est plus tout à fait le même qu'en partant.

De retour dans un monde dit « civilisé », il m'arrive ainsi de ne pas manger tout à fait correctement, de boire de temps en temps. Comme un juste retour des choses qui m'ont probablement manqué. Mais ce sont là des risques minimes que j'assume parce que je veux aussi profiter de ces moments que la vie m'autorise à empoigner. Certes, ils se révèlent différents de ceux que j'ai l'habitude de connaître lorsque je suis loin, mais je suis du genre à vouloir goûter à tout avant de ne plus compter dans le monde des vivants…

Certains m'ont parfois reproché de mettre la vie des autres en danger lorsqu'il m'arrivait de requérir de l'aide. C'est faux, je n'ai jamais demandé à des secours de venir me sauver si je sentais que leur propre vie risquait d'être en péril. Je préférerais mourir face aux responsabilités que j'ai prises et aux erreurs que j'aurais pu commettre, plutôt que mettre dans la balance la vie d'autres hommes.

Ma liberté, c'est moi qui en ai fixé le prix, mais je ne veux pas que d'autres le paient. C'est pour cela que, lorsque je suis au cœur de mes expéditions, personne ne peut vraiment me « policer », me donner des ordres, me dire ce que je dois faire, ou comment je dois vivre. Personne n'est là non plus pour m'indiquer la direction à suivre, personne n'est là pour décider à ma place si je dois tourner à droite ou à gauche. Être humain, c'est aussi cela, s'éloigner des règles quand on le peut, pour toucher les dernières limites de sa propre liberté. Que l'humain soit contrôlé par un système, c'est normal, qu'il y ait des lois et des décrets pour maintenir l'ordre social, oui, sinon, c'est le désastre absolu... Mais j'aurai toujours ce besoin irrépressible de vouloir frayer avec l'étrange ligne de démarcation qui sépare le monde de ceux qui respirent de celui de ceux qui ont cessé de le faire. Il me faut des endroits où je puisse me glisser, sans loi réelle, sans autres règles que celles qui m'indiquent que, livré à moi-même, je dois me démerder. Advienne ensuite que pourra.

Pourtant, et c'est peut-être le plus surprenant, il m'arrive de me dire que ma vie d'aventures, complète, intense, intrigante, n'est pas si différente de celle des autres ; comme tout le monde, je la construis au travers des émotions qui me transpercent en faisant mon métier. Comme tout le monde, je peux avoir des hauts et des bas, des moments de déprime ou de bonheur, être conscient que des gens me suivent et que d'autres me jalousent... Comme tout le monde, évidemment, je vais mourir. Libre. Car même vieux, même moribond, je ne finirai pas dans un hôpital. Je ne serai jamais un poids pour ceux qui m'aiment. Je ne pourrais l'accepter.

La traversée de l'Arctique par le pôle Nord

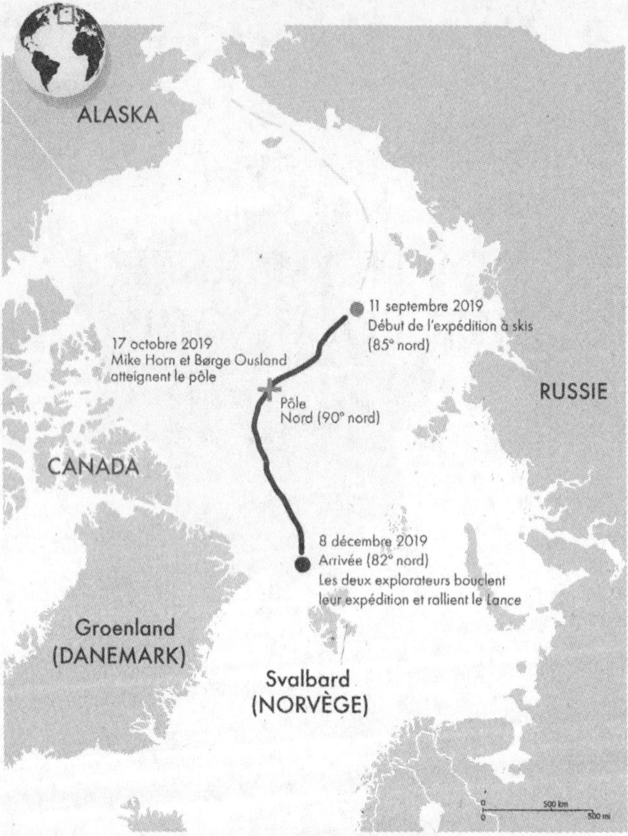

LÉGENDES :

TRAVERSÉE DU PÔLE NORD EN 87 JOURS ● DÉBUT DE L'EXPÉDITION À SKIS

● ARRIVÉE + PÔLE NORD

LA TRAVERSÉE DU PÔLE NORD

Survivre

– 1 –

Ne rien laisser au hasard

« Nous embarquons dans les derniers jours d'août, le 28 très précisément, pour notre destination finale, quelque part où la banquise voudra bien de nous, vers ces fameux 85 degrés nord, la latitude choisie pour que nous entreprenions notre longue traversée de l'Arctique via le pôle. »

L'expédition au K2 à peine digérée, j'arrive au Japon, rejoins Jacek et Laure à Otaru, agréable cité portuaire sur l'île d'Hokkaidō, à l'ouest du pays. Avec un pincement au cœur, je retrouve mon bateau comme si je ne l'avais jamais quitté. Il semble plus que prêt tant Jacek a passé de temps à l'entretenir. Le temps presse, comme toujours. Il nous faut partir direction Nome, port situé à l'extrême pointe ouest de l'Alaska qui, au début du XXe siècle, fut la ville la plus importante de l'État américain à la suite d'une ruée vers l'or qui ne dura que le temps des rêves de richesse trop facile. Aujourd'hui, peuplé de 3 000 habitants, Nome est un endroit que je connais bien et où j'ai de bons amis depuis que j'y ai fait quelques haltes, voire quelques séjours, lors de mes expéditions passées – « Arktos » au moment de mon tour du cercle polaire, puis avec le projet « Pangaea », lorsque, comme promis, j'avais emmené quelques jeunes explorateurs avec moi pour leur faire connaître mon monde – … Nome est à mes yeux la dernière frontière, celle qui sépare le monde réel de celui que nous connaissons si peu.

Nous sommes fin août 2019, l'été se termine, l'hiver ne va pas tarder à s'installer avec brutalité, car il n'existe guère de saison intermédiaire sous ces latitudes. Après quelques journées de navigation, le mauvais temps déferle sans prévenir sur le Pacifique Nord. Descendue des froidures russes, une tempête monstrueuse s'abat sur nous. Deux jours durant, confrontés à des vents de face auxquels nous ne pouvons échapper qu'en tirant de longs bords, nous n'allons quasiment pas dormir tant les conditions sont dantesques. Le déchaînement de la mer, la force des vagues et la hauteur des creux me font craindre le pire. Avec Jacek et Laure, nous tentons de naviguer au mieux au milieu des éléments en furie, prudents, quoique jamais tranquilles, il ne faut pas que je casse quoi que ce soit sur *Pangaea*, les difficultés d'approvisionnement en Alaska ne sont pas une légende. Là-bas, trouver des pièces de rechange peut s'apparenter à un long calvaire. Je le sais depuis que j'y ai séjourné lors de mon grand tour du monde de l'Arctique en solitaire réalisé entre 2002 et 2004…

Au même moment, l'équipage qui doit nous accompagner, Børge Ousland et moi, jusqu'au 85e degré nord, là où nous voulons débuter notre traversée du pôle Nord, se regroupe pour nous rejoindre. Nous avons prévu d'être quatorze à bord de *Pangaea*. La liste mérite d'être dressée tant chacun est important dans le dispositif que j'ai envisagé : on y retrouve évidemment Børge Ousland et moi, Jacek Proniewicz et Laure Berthonneau, mes fidèles acolytes, Annika, ma fille aînée, Étienne Claret, vidéaste d'exception, qui va devenir mon œil et le témoin de mes agissements. À nos côtés deux Américains, Stein Retzlaff et Santino Martirano, qui travaillent pour Roam, une plateforme numérique consacrée aux sports *outdoor*[1] dont je suis l'un des membres fondateurs. De la partie aussi, Dmitry Sharomov, dit Dima, un photographe russe qui, depuis plus de dix ans, m'accompagne régulièrement et documente ainsi mes aventures. Son fascinant travail autant que son talent me permettent de partager mes expéditions sur les réseaux sociaux, et avec mes partenaires et sponsors. Il ne me faut pas oublier non plus Sebastian Gericke, le fils d'un très bon ami sud-africain, dentiste de son état, ni Felix Hsu, un jeune équipier sino-allemand qui faisait partie de la bande d'adolescents que j'ai initiée à l'aventure et au voyage il y a quelques années à travers mon programme destiné aux jeunes en quête de liberté. Sa thèse de doctorat terminée, il avait proposé de nous donner un coup de main. Enfin, un dernier invité, Ary Hipolito, un réalisateur suisse plutôt créatif mais peu amariné, avait rejoint ce groupe assez disparate à première vue.

Certains savent naviguer, connaissent un peu le monde des glaces, d'autres n'ont aucune expérience marine ni polaire, mais ont parfois d'autres compétences

1. Sports en pleine nature.

dont j'ai besoin. Les hommes d'images, les producteurs de contenus bien sûr, mais surtout, et c'est pourquoi je l'ai gardé pour la fin de cette liste des heureux élus, Bernard Stamm, le quatorzième membre de l'équipe, un skipper suisse extraordinaire qui m'avait déjà montré à quelques reprises son immense sens marin, même s'il n'est pas un spécialiste de ces étranges régions où la terre et l'eau ne sont que glace…

La tempête s'est enfin calmée et alors que nous sommes proches de Nome, nous connaissons encore quelques soucis techniques à bord de *Pangaea*. Une histoire de refroidissement des moteurs, de tuyau en aluminium percé, d'eau qui se déverse à l'intérieur du bateau. Pas de quoi nous inquiéter, mais un problème qu'il nous faudra résoudre avant de partir vers le Très Grand Nord.

C'est pour cette raison qu'à peine arrivés, le 21 août et, une fois le navire amarré dans le port, j'appelle immédiatement une vieille connaissance, un magicien. Jeff Darling n'est pas un navigateur, mais c'est un homme qui a les pieds solidement ancrés dans la terre, un ancien militaire des SEALs, les fameuses forces spéciales de la marine américaine. Je le connais depuis presque dix ans pour l'avoir emmené avec moi jusqu'à Barrow, le point le plus haut où je pouvais le déposer, alors que je voulais reconnaître le passage du Nord-Ouest, cet endroit du monde où lors de l'été arctique, parce que les glaces ne cessent de fondre, il est possible de passer en bateau de l'Atlantique au Pacifique. Un raccourci saisissant et saisonnier qui permet de réaliser de substantielles économies de temps et de transport, et qui devient au fil des années un enjeu majeur pour le trafic océanique mondial.

Jeff est aussi un chasseur : en Alaska tout le monde ou presque porte une arme, en cas d'attaque d'ours. À l'époque, il avait apporté quelques-uns de ces fusils si spécifiques. Malgré mon passé militaire, je n'avais jamais eu en main pareilles armes. Il m'en avait appris le maniement « en cas de besoin » et… je m'en étais servi.

Je lui téléphone parce que je sais qu'il sera là dans les minutes qui suivent. La ponctualité, chez les anciens militaires, n'est pas une vue de l'esprit et, chez Jeff, elle se double d'une grande humanité : la vie des autres est aussi importante que la sienne parce que ici, tout jeune, on apprend à vivre dans et avec la nature, à aider les gens dans le besoin, à soutenir ceux qui ont les jambes qui tremblent ou le moral qui flanche. Quant au matériel, Jeff en connaît mieux que personne la valeur : en Alaska, tout se répare d'abord, se recycle ensuite, se commande en dernier recours.

Nome, ville de bois peints et d'hommes rudes, de rues droites et de trajectoires sinueuses lorsque ferment les bars et redémarrent les *pick-up trucks*. Ville d'arrivée avant d'être ville de départ…

« Salut, mon ami, c'est moi, tu as préparé le lard et les œufs pour le breakfast ? » En 2003, alors que j'attendais une autorisation de l'administration russe pour traverser la Sibérie et boucler ainsi « Arktos », mon tour du cercle polaire arctique, Jeff m'avait prêté sa cabane de chasse, à une quarantaine de kilomètres de Nome. Il y chasse l'élan, le loup ou l'ours, j'y ai appris à tuer le temps… Lorsque je descendais en ville pour m'acheter de quoi manger, je passais chez lui le matin, Jeff me faisait alors frire au moins six œufs et quatre kilos de bacon… Qu'il recouvrait de *gravy*, cette sauce grasse qui reconstitue les corps en déshérence.

Deux minutes après mon coup de fil, Jeff est là, toujours râblé, baraqué, seule sa barbe semble avoir un peu grisonné. Il possède un magasin de pièces détachées de voitures et son réseau est si vaste qu'il trouve toujours des solutions à tous les problèmes.

Avec son aide et l'appui de Peggy, sa femme, nous remettons tout en ordre à bord de *Pangaea* et sommes bientôt prêts pour le grand départ. Il me faut juste régler un petit problème administratif, comme toujours, puisque là-haut les limites entre les eaux américaines et les eaux territoriales russes sont si ténues qu'il est facile de se retrouver d'un côté ou de l'autre sans le savoir.

Nous ne sommes plus au tout début du XXIe siècle, les vents de l'Histoire ont un peu dispersé les relents de guerre froide et de paranoïa : en faisant intervenir un ami russe, je reçois et l'autorisation et un message de soutien dans l'entreprise que j'entends mener. Tant mieux, pendant longtemps, j'ai été quelqu'un qui demandait plutôt le pardon que la permission.

Nous embarquons dans les derniers jours d'août, le 28 très précisément, pour notre destination finale, quelque part où la banquise voudra bien de nous, vers ces fameux 85 degrés nord, la latitude choisie pour que nous entreprenions notre longue traversée de l'Arctique via le pôle. Entre calotte polaire à la dérive et icebergs, une fois le détroit de Béring derrière nous, là où la glace deviendra assez solide pour que nous débarquions, Børge et moi, avant de nous enfoncer dans le désert blanc, son climat, ses dangers, ses ours…

Pour l'heure, entre nous, les choses ont été clairement définies. Nous avons apporté chacun notre propre équipement, skis, chaussures, vêtements que nous avons l'habitude de porter dans les grands froids, nous avions également déjà choisi les modèles de nos matelas et sacs de couchage. En revanche, Børge s'était occupé des quatre luges, deux pour chacun, que nous allions tracter et était aussi en charge de la nourriture, afin que nous suivions le même régime. Depuis des années, Børge travaille avec une société norvégienne spécialisée dans l'alimentation de l'extrême, fortement nourrissante et pourvoyeuse de ces calories dont il nous faudra compenser la perte au quotidien. Il est arrivé avec des provisions et se charge de sélectionner ce qu'il nous faudra emporter comme plats déjà préparés, nourriture lyophilisée, compléments alimentaires pour nous redonner du courage pendant que nous avancerons.

À moi la logistique, la communication, avec l'aide précieuse d'Annika et de Jessica, qui s'installeront à Hong Kong pour suivre l'aventure de plus près… Et évidemment la navigation qui, dans ces contrées, n'est pas une partie de plaisance ni de plaisir.

Mon souci premier sera de trouver la clé pour faire en sorte que les quatorze personnes embarquées sur le même bateau, qui ne se connaissent pas forcément, parviennent à former rapidement un équipage digne de ce nom.

Je n'ai pas de recette, juste un peu d'expérience, je voudrais qu'au fil des jours ce groupe d'individus trouve le moyen de fusionner pour ne faire qu'un. Je les ai prévenus des difficultés de notre voyage vers le Grand Nord, le froid oppressant, les mauvaises mers, la banquise qui pourrait bloquer le bateau et l'empêcher de bouger pendant des semaines, voire des mois. Ils savent donc ce qui pourrait les attendre lorsque nous nous approcherons des glaces, mais c'est ce que j'aime : que l'addition des caractères et des personnalités transforme une petite bande en un commando d'irréductibles. C'est ainsi qu'un bon équipage devient capable de rendre possible ce qu'il pouvait croire impossible.

Mon autre mission essentielle sera de transmettre à Bernard Stamm ce que je connais de la navigation polaire. Bernard est un marin hors norme, un homme en or, un compétiteur victorieux sur toutes les mers, en solitaire comme en équipage, autour du monde comme lors de courses océaniques. Il doit devenir bien plus que mon alter ego : je l'ai choisi pour être le skipper de *Pangaea*. Une fois que Børge et moi serons partis avec nos luges et tout notre équipement pour la grande traversée, Bernard aura la charge de faire ressortir le bateau de la zone des glaces, puis de l'emmener jusqu'au Svalbard, ce petit archipel norvégien de l'autre côté du monde, là où nous devrions normalement terminer notre aventure polaire, là où il devra nous récupérer.

Pour l'instant, nous faisons route vers le cercle arctique. Le temps change progressivement, mélange de houle qui bouleverse les estomacs, de brouillards enveloppants, de belles éclaircies, de nuages plus ou moins sombres. Avant d'être contraints de faire deux arrêts. Le premier à Teller, un peu au-dessus de Nome, puis un peu plus tard à Point Hope, à la sortie du détroit de Béring, pour régler quelques soucis techniques, une pompe de refroidissement toujours récalcitrante, un pilote automatique qui réclamait son indépendance, ainsi qu'un petit traumatisme humain. Ary, le réalisateur suisse que nous avions emmené avec nous, malade en mer, me confie qu'il ne se sent pas bien, qu'il voudrait s'arrêter là et rentrer au pays.

Jamais je ne forcerai quelqu'un à me suivre s'il ne le sent pas, alors je réunis l'équipage pour rappeler que là où nous nous rendons, la vie ne sera pas forcément simple, qu'ils sont peu nombreux finalement ceux qui sont montés aussi haut, que chacun est libre de choisir avant qu'il ne soit trop tard. Que viendra un moment où nous ne pourrons plus nous arrêter dans un port, ni déposer quelqu'un en fonction de ses désirs, de ses peurs ou de ses doutes. Que nous connaissons la date de notre départ, mais pas celle de notre retour. Je propose à tous de prendre un temps de réflexion personnelle, pour que chacun décide en son âme et conscience ce qu'il convient de faire. « Votre histoire, n'oubliez pas que vous l'écrivez pour vous avant de l'écrire pour les autres ! »

Tout le monde choisira de continuer à mes côtés. Nous déposerons Ary à Teller… Je le laisse en lui glissant juste qu'il va « rater quelque chose qui aurait peut-être pu changer sa vie », mais c'est ainsi. J'apprécie en revanche la franchise avec laquelle il m'a parlé et cette honnêteté si rare pour reconnaître qu'il ne se sentait pas capable de rester avec nous. Même s'il nous quitte, il reste solidaire de notre projet pour lequel il ne veut pas devenir un poids. Nous repartirons alors pour Point Hope, un peu plus haut, et attendrons de recevoir les soupapes qui nous permettront de remettre notre pilote automatique dans le droit chemin.

– 2 –

Pas d’aventure arctique sans bon équipage

« Même si la pression est grande parce que je suis malgré tout responsable de tout cela, je suis heureux de constater qu’au sein de notre petit groupe, chacun a pris ses responsabilités comme un équipage déjà rodé... »

Pendant toutes ces menues péripéties, Bernard ne cesse de m’étonner, sa soif d’apprendre est inextinguible. Je constate qu’un marin peut aisément se transformer en éponge. Il s’agit en effet d’ingurgiter à haute dose tous les discrets conseils que je lui dispense. Car, progressivement, plus nous nous rapprochons, puis dépassons la latitude du cercle arctique, au-dessus de 66 degrés nord, là où le soleil ne se lève pas l’hiver, là où il ne se couche pas l’été, plus la glace se fait présente, comme si lentement elle allait essayer de nous encercler, de bousculer nos habitudes, de faire reculer nos certitudes.

Les questions de Bernard sont incessantes : Comment reconnaître la banquise à sa couleur ? Comment deviner la qualité de la neige qui la recouvre parfois ? Où et comment frapper la couche gelée pour que la lourde proue de *Pangaea* se fraie un passage dans ces lieux inamicaux ?…

Si personne ne lui fournit d'explications, et parce que le temps perdu ne se rattrape jamais, une catastrophe reste toujours envisageable.

Ici, l'erreur ne pardonne guère… Que faire si d'aventure le bateau reste coincé dans la glace ? Comment réagir si elle se resserre autour du bateau, si la coque de *Pangaea* se soulève pour se poser sur le manteau gelé ? Quelle est l'épaisseur de cette banquise vorace qui cherche à étendre son royaume et à broyer ceux qui viennent la titiller ? Comment utiliser les moteurs, voire le vent, pour accroître la puissance du bateau lorsqu'il faudra échapper aux mâchoires blanches qui dévorent les eaux, pour agrandir l'empire glacé au fil des heures ?

Le temps d'atteindre les 85 degrés nord, je vais essayer de transmettre tout ce que je sais. Bernard est un type extraordinaire, un marin qui ne dira jamais « Non, ce n'est pas possible », un homme qui veut toujours essayer et qui va passer des heures dehors ou à la barre pour regarder, décrypter, ingurgiter les informations. Il va assimiler comment la glace fonctionne, comment le bateau peut la fracturer lorsqu'elle l'empêche d'avancer. Bien sûr, il lui est arrivé de taper là où il ne fallait pas, pour constater que la glace était trop solide pour être brisée ; bien sûr, il a parfois recommencé avant de comprendre. Rien n'est plus profitable que les vertus de l'expérience, je ne suis pas non plus sans cesse derrière lui pour lui prodiguer des ordres ou des conseils en lui murmurant à l'oreille : « Bernard, il ne faut pas taper là, ça ne sert à rien, il vaut mieux faire demi-tour pour trouver un passage où la glace sera moins épaisse, ou parce que le gigantesque monceau de glace qui s'approche va nous écraser. » Je le laisse découvrir, et découvrir encore.

Parfois, en revanche, je transmets, non par une pédagogie de professeur d'université, nous ne sommes pas dans un amphithéâtre, mais plutôt par un échange entre deux hommes qui n'ont sans doute pas les mêmes compétences, mais ont les mêmes rapports à l'eau, à la nature, aux mouvements du monde. Cette neige noire, par exemple, que renferme-t-elle ? Des microparticules de carbone rejetées dans l'air par notre civilisation trop industrielle. Au fil de mes expéditions, j'ai appris à jauger son épaisseur à travers les cristaux qu'elle renferme, à la façon dont elle absorbe l'eau, dont elle fond quand elle est chauffée par le soleil, à définir la qualité de la neige qui s'est posée dessus selon la manière dont elle redevient molle, grise, pourrie…

J'ai aussi montré à Bernard les endroits malfamés où il ne faudrait pas que *Pangaea* se pose, car *Pangaea* est un navire quasiment amphibie, aussi à l'aise dans l'eau que sur la banquise sur laquelle ses puissants moteurs peuvent le propulser : « Là, tu vois, il y a trop de neige humide sur ces morceaux de glace, et la neige, c'est comme de la glu, si tu montes sur la glace couverte de neige, mais que cette neige est mouillée, elle va se coller autour du bateau, et comme l'aspirer ! Tu ne pourras alors plus rien faire. » Le principe est pourtant simple : quand la banquise est assez solide pour supporter le poids de l'avant du bateau, ses deux moteurs le poussent jusqu'à ce que l'essentiel de la coque repose sur le parquet de glace. Seul l'arrière reste dans l'eau, pour pouvoir faire machine arrière et avoir une solution de repli.

Je le mets également en garde contre les interprétations de cartes parvenues sur nos écrans avec un léger retard. Entre les fichiers météo, ou les prévisions que nous recevons, et ce que nous avons en face de nous, parce que la banquise bouge, dérive, se fracture, se scinde, que parfois deux morceaux peuvent entrer en collision et créer alors, à la suite du choc, des blocs hauts comme des montagnes, il faut faire très attention aux images envoyées par les satellites qui tournent autour de la planète…

Elles ont été prises à l'instant t, et lorsqu'elles nous parviennent, nous sommes déjà à t + 1, voire t + 2.

Bernard emmagasine tout, il n'a guère le choix, il faut aller suffisamment vite pour que, une fois arrivés à 85 degrés nord, avant que la mer soit complètement gelée, le bateau et son équipage puissent faire demi-tour sans risquer de se retrouver emprisonnés pour tout l'hiver.

Ici, l'hiver a pour habitude d'être long.

Les conditions ne cessent d'empirer au fil des heures… La glace est une mangeuse d'énergie, une dévoreuse d'espace, une pourvoyeuse de craintes. Dans cette ambiance qui distille ses filaments d'angoisse, mes équipiers doivent trouver leur place. Je ne veux pas de chaîne hiérarchique, à bord, chacun son rôle, chacun son acceptation du travail qu'il doit fournir. Étienne, Stein et Santino sont là pour faire des images et raconter des histoires, mais aussi pour donner des coups de main au cas où ; Sebastian et Felix sont plutôt la doublette qui passe son temps au sommet du mât. Perchés à 40 mètres de hauteur, ils regardent au loin et cherchent les ouvertures lorsque la glace semble avoir conquis tout ce qui se profile devant notre étrave. L'eau libre, sans glace, est leur quête. À eux, malgré des températures qui baissent sans cesse et sont déjà bien au-dessous de zéro, puisqu'elles frisent les − 10 °C, de donner les indications pour que Bernard puisse s'infiltrer le plus haut possible. « Cinq degrés tribord, tout droit… », leurs indications sont trop précieuses pour être mises en doute. Ils ont appris à voir, ils sont nos yeux au-dessus de nos yeux. Devant, à la proue, un autre observateur vérifie que rien ne risque de frapper la coque. Les *growlers*, ces énormes blocs de glace qui flottent à la surface de l'eau, sont indétectables. Il faut quelqu'un pour les voir venir et prévenir le barreur. Les petits émetteurs portables dont nous disposons ne cessent de crachouiller les informations nécessaires à tous.

Derrière, d'autres ont appris à gérer le gouvernail rétractable. S'il heurte un bloc de glace qui passerait sous la coque, il se replie automatiquement. Mais ensuite, il faut des hommes à la manœuvre pour contrôler sa vitesse au moment où il retombe. Laisser choir une tonne et demie sur la coque du bateau, même si nous avons installé un système amortisseur, n'est pas un mouvement que nous pouvons nous permettre de répéter trop souvent. Nous avons donc deux personnes qui veillent aux winches et laissent filer les cordages qui maintiennent le gouvernail pour qu'il descende doucement dans l'eau. Jacek, lui, est dans la salle des machines à s'occuper du bon fonctionnement de nos deux moteurs et du reste. C'est un travail à temps plein, il faut surveiller, vérifier, agir en conséquence. Et ne jamais s'arrêter. *Around the clock !* La glace est parfois aspirée par le système de refroidissement et en bloque le fonctionnement. Les moteurs se mettent à chauffer puisque l'eau ne vient pas faire baisser leur température, les génératrices marchent moins bien, le compresseur d'air aussi. Il faut alors savoir réagir au plus vite pour éviter les ennuis. À ce petit jeu, Jacek est un maître. Parfois je l'assiste car je connais les moteurs depuis le premier jour où nous les avons installés et je les ai souvent révisés depuis. Je descends donc régulièrement pour faire avec lui le tour de nos machines…

Même si la pression est grande parce que je suis malgré tout responsable de tout cela, je suis heureux de constater qu'au sein de notre petit groupe chacun a pris ses marques comme un équipage déjà rodé… De plus, grâce au système de quarts mis en place et qui fonctionne par tranches de deux heures, il y a toujours une partie de l'équipe qui travaille tandis que l'autre se repose ou se restaure.

Ce dont je ne me rends pas compte, en revanche, c'est que je dors peu. Trop peu. Moins que Børge en tout cas, qui, aussi prudent qu'à l'écoute de son corps, n'hésite pas à se retirer dans sa cabine pour se préparer, se reposer, tout en vérifiant encore et encore le matériel et la nourriture que nous allons emporter avec nous. De mon côté, je sens monter la tension, circuler l'adrénaline qui s'empare de mon corps. À tel point que je reste éveillé pratiquement vingt-quatre heures sur vingt-quatre, ne m'octroyant, comme les marins solitaires en course, que des microsiestes d'une dizaine de minutes qui me permettent de tenir le coup et de recharger mes batteries.

Et toujours cette glace qui se rapproche, nous encercle, frappe à la coque comme si elle voulait entrer, ou comme si elle désirait nous transmettre un message que nous nous refusons à entendre. Sauf à de rares exceptions…

Comme ce jour où, après plus de trente heures de navigation non-stop, profitant que Bernard et moi venons de trouver un bloc de glace assez solide auquel s'amarrer sans trop dériver, et alors que tout le monde est épuisé, je décide d'ancrer *Pangaea* pour offrir une courte pause à mon équipage épuisé, transi. Nous allons nous accorder une nuit un peu plus tranquille, le temps de manger ensemble et de prendre quelques instants de repos bien mérité…

J'apprécie ces moments où nous sommes ensemble, où se constitue le groupe, le clan, où le repas devient un moment de rapprochement. Car il n'existe rien de mieux pour des marins regroupés dans un lieu confiné, dans un environnement mouvant pas toujours amical, que de se retrouver autour d'une assiette. Bien nourrir les hommes, et les femmes, est une revendication à laquelle j'ai toujours souscrit. Grâce aux victuailles embarquées, nous avons le choix. Avant de quitter Nome, grâce à Jeff et à Peggy, nous avons obtenu de bons prix dans les grandes surfaces de la ville et avons rempli les cales de viande, de légumes, de pâtes… Il y en a des tonnes !

Et manger devient un de ces moments de grâce où l'on oublie que, dehors, ça se gâte, où l'on discute de la vie, où l'on réfléchit sans se prendre la tête. Remplir les estomacs de ceux qui travaillent est une obligation.

Viandes saignantes, lasagnes, pommes de terre, fromage, bière, vin – n'allez pas croire que, comme dans les récits de pirates, l'alcool coule à flots durant la navigation, ça, nous ne nous l'autorisons que lorsque nous sommes au port. À bord, avec Laure aux fourneaux, les repas ne sont que plaisir… Nos corps réclament ce type de nourriture ; ces moments nous procurent l'indicible besoin de resserrer nos liens.

J'avais également conseillé à chacun, avant d'embarquer, d'aller au supermarché se procurer ce que j'appelle de la nourriture « de confort ». Biscuits, bonbons, viande séchée, selon les goûts de chacun. Pour que, « lorsque tu iras te coucher après ton quart, lorsque tu te sentiras peut-être un peu moins bien, ou un peu seul dans ta cabine, tu pourras manger ces aliments qui te font plaisir, et tu verras les choses différemment »…

Ce qui est incroyable, c'est que, au bout de quelques jours, je m'aperçois que cette nourriture de confort est partagée par tous. J'aime l'évolution de ce groupe, j'aime l'état d'esprit qui anime ses membres. Je voulais des vaillants, des convaincus, des inépuisables. Lorsqu'on monte une équipe composée uniquement de professionnels, on constate qu'il n'existe que des officiers, jamais de soldats prêts à tout donner pour le succès de l'entreprise : dans un groupe d'experts, tout le monde sait tout mieux que tout le monde… Je n'ai jamais supporté ça.

Nous voilà donc arrêtés au milieu d'une « flaque » d'eau, entourés de glace aussi magnifique que traîtresse. On l'oublie le temps de se restaurer ensemble, de dormir un peu, mais elle se rappelle à notre bon souvenir dès que nous émergeons de notre douce parenthèse. Le bateau est pris au piège. En une heure à peine, la progression de la glace a été fulgurante ! Si la mer change aussi vite, on doit prévoir le pire. Il ne faudrait pas avancer en repoussant la glace, entrer profondément avant de s'apercevoir que le bateau est bloqué, vouloir faire demi-tour et ne pas y arriver car le piège s'est déjà refermé.

Rester coincé…

– 3 –

À deux on est meilleurs

« Ensemble, ce serait sans doute moins risqué. Nous ne voulions pas partir pour mourir, mais nous savions bien qu'il faudrait nous battre pour survivre... »

Pendant notre remontée vers le cercle arctique, je me tiens aussi au courant de ce que fait Børge. Mon partenaire a besoin de solitude, raison pour laquelle il ne sort que peu de sa cabine. Sélectionnant la nourriture, vérifiant sans cesse son matériel, il se prépare aussi psychologiquement pendant que je suis dehors, en train de pousser tout le monde. Chacun sa manière de se conditionner pour ce qui l'attend.

Nous nous sommes connus il y a bien longtemps. C'était en 2002, je cherchais alors de nouveaux territoires à défricher après mon tour du monde en suivant l'équateur, de nouvelles sensations au moins aussi fortes que celles que je venais de vivre. Mais je ne connaissais rien du monde des glaces. Très vite l'idée de tourner autour de la planète en suivant le cercle polaire m'avait paru un projet assez dantesque.

Mais avant cela, je voulais me tester en me rendant au pôle Nord, en solitaire et sans assistance. J'ai alors eu besoin d'un mentor, d'un guide, d'un accélérateur de connaissances qui pourrait m'apporter son savoir et sa science. Børge Ousland fut cet homme-là. Chez lui, en Norvège, il est une star, ici, nul ne le connaît vraiment alors qu'il est sans aucun doute le plus grand spécialiste de l'histoire polaire récente. Notamment parce qu'il fut le premier à se rendre au pôle, seul et sans assistance, en 1994, le premier aussi à traverser l'Antarctique dans les mêmes conditions.

Après avoir pris contact avec lui, et obtenu son accord, je suis allé m'installer chez lui, du côté d'Oslo, pour l'étudier, le questionner, le comprendre, espérer l'égaler un jour, peut-être, qui sait… ?

J'ai fait la connaissance d'un homme qui n'était pas tout à fait comme les autres. Un maître zen, un calme, un réfléchi dont le cœur semblait ne battre qu'avec parcimonie, comme s'il voulait conserver en lui une forme d'énergie hors du commun. Après qu'il m'eut ouvert sa porte et distillé ses premiers conseils, je compris que les régions polaires n'avaient guère de similitudes avec l'équateur. Sinon leur hostilité.

Alors que je préparais mon projet, j'eus encore besoin de ses lumières. Cette fois, c'est moi qui lui ai proposé de venir à la maison, en Suisse. Je le vois encore arriver, s'installer et détailler le matériel que j'avais commencé à entreposer. « Ça oui, ça oui, ça non. » Il fut sans pitié et d'une rigueur absolue. Coupant l'élastique au poignet de mes moufles, « parce qu'il faut que tu rentres dedans comme on rentre une voiture dans un garage », m'adjurant d'apprendre à monter ma tente en moins de vingt secondes, « sinon, tu ne résisteras pas au froid et tu mourras », m'offrant enfin ses propres chaussures, celles qu'il portait lorsqu'il avait atteint le pôle Nord en solo, alors que je me demandais encore quel modèle je devais choisir : « Je veux que tu reviennes avec tous tes orteils ! » Børge fut le premier de mes initiateurs et je lui en serai reconnaissant jusqu'à la fin de mes jours.

Nous avions aussi découvert que faire équipe n'était pas tous les jours facile pour des tempéraments aussi différents que les nôtres. Évoluer en binôme dans des conditions si éprouvantes n'a rien de fluide ni d'intuitif et nécessite de bien se connaître.

Il y a maintenant deux ans, après avoir traversé l'Antarctique via le pôle Sud, première étape de mon projet « Pole2Pole », Børge m'avait appelé pour me féliciter : « Chapeau pour ce que tu as fait, bravo ! », et m'avait demandé, parce que lui aussi voulait retourner dans l'Arctique, s'il pouvait m'accompagner pour la deuxième partie de mon projet. J'ai eu besoin d'un moment de réflexion, j'avais envie d'y aller seul… Je l'ai rappelé pour le lui dire, il m'a juste répondu : « D'accord, mais tu ne vas pas y arriver, *ciao*. »

Je me suis alors reposé la question, et j'ai revu ma position. Quand le meilleur explorateur polaire, le spécialiste de la banquise, de sa dérive, de sa composition m'appelle pour me demander si j'accepterais qu'il vienne avec moi, et que je lui réponds : « Non, je préfère y aller en solitaire », qui suis-je finalement ? Un mec trop gonflé, un égoïste, un bourrin ?

Je l'ai rappelé pour lui dire que j'avais changé d'avis.

« C'est trop tard, *ciao*. »

Deux mâles alpha face à face. Et puis, comme souvent, chacun a mis un peu d'eau dans son vin, chacun a pesé le pour et le contre, chacun s'est rendu compte de l'avantage qu'il y aurait à traverser à deux, chacun, quoi qu'il en dise, a appris à apprécier l'autre. Avec notre chargement, nos luges, le poids à tirer pendant des jours, la distance à couvrir, l'exposition au froid… nous pensions l'un comme l'autre qu'après soixante jours passés dans cette démesure géographique et climatique nous serions sans doute au bout de nos capacités physiques et de notre espérance de vie. Et qu'ensemble ce serait sans doute moins risqué. Nous ne voulions pas partir pour mourir, mais nous savions bien qu'il faudrait nous battre pour survivre… La région, depuis que l'homme a voulu en faire l'exploration, n'est qu'un cimetière dont certaines tombes sont encore fraîches. En juin dernier, Dixie Dansercoer, un explorateur belge qui voulait traverser le Groenland en kite, a ainsi chuté dans une crevasse sous les yeux de ses deux partenaires d'expédition…

Lorsqu'il me donna finalement son accord, Børge me précisa d'ailleurs que ce serait sans doute la dernière expédition de sa vie, mais qu'une seule équipe était capable de réaliser cet exploit : la nôtre.

Depuis 2006, et notre premier périple en commun, un certain nombre de paramètres avaient évolué, les vêtements techniques avaient gagné en confort, les tentes et leurs arceaux qui n'étaient alors pas suffisamment résistants l'étaient devenus ; j'avais désormais mon propre bateau, susceptible de nous déposer où nous le désirions ; notre savoir-faire et notre connaissance de ces environnements avaient eux aussi modifié notre perception de l'aventure, cela faisait trente ans que Børge et moi parcourions le monde. Enfin, et c'était aussi un élément d'importance, nous-mêmes avions changé.

Le temps qui passe ne modifie pas seulement la perception que l'on en a, ce serait trop simple, il transforme aussi qui nous sommes et ce que nous sommes venus faire ici-bas. Avec l'expérience acquise, je pourrais professer quelques vérités qui ne seraient pourtant que les miennes. Certaines de mes expéditions auraient ainsi été impossibles à mener si je les avais entreprises plus jeune. Et pourtant, plus jeune, j'étais dans une forme physique que je ne possède sans doute plus aujourd'hui. Rien ne sert de brûler les étapes, rien ne sert de hurler au « Tout, et tout de suite », il faut d'abord distinguer le moment idéal où ce que l'on cherche sera atteignable. La vie n'est qu'un parcours, pas une destination !

En 2006, malgré ce que nous avions quelque peu partagé quatre ans auparavant, nous nous connaissions encore mal, Børge et moi, et nous avions ressenti quelques moments de tension : ce n'est pas si facile de vivre dans une telle promiscuité avec quelqu'un dont on ne sait finalement pas grand-chose. Il s'agit ni plus ni moins de découvrir la personnalité de l'autre, et de s'en accommoder au mieux. Pendant la journée, lorsqu'on avance, c'est relativement simple, le soir, ou lors des moments de repos dans l'exiguïté d'une tente trop petite pour abriter deux ego, ce n'est pas forcément évident. Nous apprendrons doucement à nous supporter, à nous connaître, à nous ressembler peut-être, à nous comprendre. J'ai souvent raconté qu'à l'issue de notre premier voyage au pôle Nord nous étions partis comme des partenaires, mais que nous étions revenus comme des frères… Cette fois, c'est en frères que nous repartons.

Même si la vie de Børge a changé, même si la mienne a profondément évolué également.

En 2006, Cathy était toujours vivante, Annika et Jessica étaient encore des enfants, elles avaient 13 et 12 ans ; en 2006, Børge était avec une autre femme, depuis, il s'est remarié lors d'une cérémonie intime au pôle Nord. Déjà père d'un garçon de l'âge de mes filles, il goûte à nouveau aux joies de la paternité puisqu'il est le nouveau jeune papa comblé d'une petite fille…

Børge est un homme qui réfléchit longtemps, qui calcule toujours tous les risques courus avant de se lancer. Face à ceux qu'il est prêt à prendre, il ne laisse jamais rien au hasard. Même si je n'ai rien d'une tête brûlée, je suis sans doute plus intuitif, plus fonceur, je calcule moins. C'est ainsi : nos deux caractères diffèrent. Je crois que j'aime bien rigoler, déconner même, en tout cas quand la situation le permet. Børge n'est pas dénué d'humour, j'en veux pour preuve son art de la plaisanterie pince-sans-rire dont il nous a régalés durant la navigation, mais c'est un Norvégien, tout en retenue, pas forcément très bavard, qui ne communique qu'avec discrétion et si le besoin s'en fait sentir. Donc peu, surtout comparé à ma propre volubilité. Mais ce n'est pas ce dont nous avons le plus besoin lorsque nous visons le même but. Pour terminer la présentation de mon partenaire, je préciserai qu'il est aussi extrêmement pointilleux, pinailleur jusqu'au plus infime détail. C'est, enfin, un homme qui aime prendre la direction des opérations, ce qui me va bien, moi qui ne ressens pas le besoin d'être leader. Si quelqu'un veut endosser les responsabilités, s'il s'épanouit dans ce rôle, je n'ai rien à y redire, je me plie à ses décisions.

Je suis quelqu'un qui s'adapte beaucoup plus facilement que lui, dont l'approche peut sembler un peu « raide ». Mais c'est grâce à cette rigueur un peu militaire plus qu'à la rigidité qu'il a connu le succès dans ses entreprises polaires depuis le début des années 1990.

Je n'oublierai jamais que celui qui est tombé dans l'eau et a failli y rester, c'est moi…

Alors que nous nous rendons compte en étudiant les cartes que si nous forçons un peu, si nous allons de l'avant sans perdre de temps, nous aurons la possibilité d'arriver à ces fameux 85 degrés nord d'ici à deux jours, quelques derniers moments de stress vont nous envahir à cause de cette foutue glace que l'on avait de plus en plus de mal à fissurer, à cause de cette impression d'être broyés par les deux mâchoires d'un étau glacé qui tente de nous empêcher d'avancer. Depuis quelques heures, nous tournons en rond dans une petite surface d'eau ouverte, notre espace de vie se réduit… N'allons-nous pas subir la punition que nous redoutions : ne plus pouvoir avancer ?

Quand chacun se demande comment nous allons nous en sortir, je reste de mon côté assez confiant. Il existe tant de techniques pour échapper à l'emprisonnement quand on ne peut plus casser la glace.

Pangaea, tel un éléphant de mer portant des coups de tête avec sa proue, peut casser les parquets de glace ; tel un morse sortant de l'eau, elle est aussi capable de se hisser dessus s'ils sont trop épais et, aidée par la puissance de ses hélices, de s'y poser comme un animal cherchant un appui, ou un abri.

Là, moteurs en avant, tournant gentiment à 1 200 tours par minute, si tout se passe comme prévu, les vibrations, les mouvements imperceptibles de la coque, au bout d'un moment la strate gelée commencera à bouger, se fendillera, un morceau commencera à se déplacer, en poussera un autre. Ce n'est rien d'autre qu'une manière d'utiliser la nature pour répondre à ses défis. La déstabiliser, puis utiliser sa colossale énergie pour disloquer l'ensemble.

On peut même utiliser le vent : s'il souffle dans le bon sens, on déroule les grandes voiles d'avant, qui vont donner un surcroît de puissance au navire posé sur la glace… Les deux énergies s'additionnent alors, et le bateau avance doucement, jusqu'à ce qu'il retrouve l'eau.

Il existe toujours une solution, quel que soit le problème.

Certaines fois, lorsque nous nous retrouvions coincés et que nous ne pouvions pas avancer, nous mettions notre annexe à l'eau, pour faire pivoter *Pangaea* en appuyant sur l'un des côtés du voilier.

Mais cette fois, je dois en discuter avec Børge, il faut se tenir prêt à toutes les éventualités, même si certaines me plaisent moins que d'autres.

« Quitter le bateau ici est une option, nous sommes à 82 degrés, pas si loin de ces fameux 85 degrés nord. »

Comme à son habitude, mon comparse prend le temps de la réflexion puis me répond :

« Pas de problème pour moi, mais si nous descendons ici, il faudra que l'on emporte cinq jours, voire une semaine de nourriture supplémentaire. »

Dans ses préparatifs, il avait déjà compté dix jours de plus que les soixante-cinq jours que nous pensions mettre pour notre périple. Il en ajoute dix de plus en puisant dans les réserves que nous avons à bord. Cela nous fait vingt jours de nourriture en plus, et quelques kilos supplémentaires à tirer… Or, dans une expédition aussi extrême que celle-ci, chaque gramme est à prendre en compte. Faut-il emporter plus de nourriture que prévu, au cas où, mais, en alourdissant la charge, ralentir notre progression ? Ou au contraire partir au plus juste, en souhaitant que tout se déroule comme nous l'avons imaginé ? L'équation est insoluble quand il faut composer avec tant de facteurs externes et un énorme quotient inconnu. Mettrons-nous plus de quatre-vingt-cinq jours pour venir à bout de notre ambitieuse traversée ? Quand même pas.

Nous en étions là à discuter, à calculer, à hésiter, quand les premiers cris de joie ont retenti sur le pont. *Pangaea* bougeait en brisant enfin la chape, nous étions en train de nous extirper de ce piège. Il faut imaginer une joie collective qui ressemble à une libération, alors que chacun pensait être arrivé au terme de la première partie de l'aventure. Nul n'ignorait ce que pouvait signifier cet arrêt forcé, personne n'était là en touriste, chacun comprenait très bien tout ce qui se jouait autour de nous. Mes équipiers n'étaient plus qu'un corps social unique habité par ce projet.

Je n'avais plus besoin de faire de longs discours, nous nous comprenions sans communiquer. J'avais à mes côtés une machine de guerre, dynamique, soudée et que rien ni personne ne pourrait arrêter. Si aujourd'hui on me demandait de former une bande, je les reprendrais tous.

Tandis que la glace tousse et se rompt quand *Pangaea* retrouve son élément naturel, le bonheur devient le sens commun. Le bruit de la rupture, les « ouais ! », les « on avance ! » viennent rompre le mutisme que chacun observait en attendant de voir comment allait évoluer la situation.

Le bateau frappe la glace, le bateau vibre, les mâts tressaillent, cette impression que rien ne peut résister à sa puissance… Et ce silence qui disparaît, ce silence de mort. Remplacé par cet enthousiasme bienvenu et bruyant qui me fait un bien fou. J'avais un besoin viscéral de cette énergie et de cette dynamique communicatives. De cette abnégation offerte au collectif par chaque équipier, tendu vers le succès de notre projet. C'est ce que je leur répétais lors de ces moments partagés : « Là, les gars, on écrit l'Histoire, comme les anciens explorateurs l'ont fait. Ce qui rend notre expédition possible, c'est uniquement l'énergie que vous apportez et qui nous fait progresser. » Même si chacun avait en tête que chaque mètre gagné péniblement vers les 85 degrés nord serait un mètre à refaire en sens inverse.

Pour eux tous, arriver à notre objectif initial n'était pas un but, c'était une obligation. Jusqu'au moment où nous approchons effectivement les 85 degrés nord.

Durant les dernières heures, j'ai préféré me retirer, rentrer en moi-même pour entamer une sorte de répétition intérieure du voyage. Encore sur le bateau, mais déjà plus vraiment. J'ai commencé à me concentrer sur l'engagement qui m'attend depuis si longtemps. Conscient que très bientôt nous aurons atteint notre point de départ, et que je me déchargerai alors d'un poids immense. Le moment gagne en intensité, une partie de moi est ancrée sur ce bateau, l'autre veut couper tous les liens qui me retiennent pour que je puisse m'élancer vers un nouvel inconnu.

Un inconnu derrière lequel se cachent trois possibilités jamais identiques, mais toujours les mêmes : l'échec, la mort, le succès.

Le 11 septembre, nous sommes à 85 degrés nord. Descendus de *Pangaea*, Børge et moi avons *checké* la glace, avons trouvé qu'elle était assez solide et décidé que c'était ici que tout commencerait. Sûrs de nous et de notre choix, nous sommes ensuite remontés à bord et avons terminé de préparer nos affaires.

Puis, comme un dernier geste, comme un moment de communion avant de nous séparer, nous avons tous dîné dans « la salle de conférences » autour d'un délicieux repas dont Laure a le secret. Pour l'occasion elle a concocté l'un de mes menus préférés : viande rôtie et pommes au four, j'en raffole ! Je me régale d'autant plus que je ne suis pas près d'en remanger de sitôt ! Après ce festin, nous nous couchons tous tôt pour être les plus dispos et alertes possible pour favoriser notre grand départ de demain. Je m'endors empli d'une forme de sérénité d'avant-combat. Mais pas pour très longtemps.

Très vite, je me réveille, consulte ma montre, il n'est que deux heures du matin. Nous avons prévu de partir à dix heures. Tout le monde dort, je sors. Je regarde l'océan gelé, son immensité, son appel. Il fait encore jour vingt-quatre heures sur vingt-quatre, mais l'hiver va venir bientôt renverser les lumières pour ne laisser flotter qu'une nuit perpétuelle. Bientôt, le soleil cessera de se lever.

Suis-je bien là où je voulais être ? La réponse ne fait pas de doute. Maintenant, je suis pressé de partir, mon cœur aussi, qui se met à battre comme le tambour qui guidait les hommes vers le champ de bataille. C'est ce que je voulais ressentir à nouveau, c'est ce qui a toujours guidé mes pas, c'est ce que je recherche. Répéter les expéditions, quels que soient le lieu, la destination ou l'objet, c'est ce qui me rend vivant !

Pour me retrouver ici, il m'avait fallu traverser le pôle Sud, remonter vers le nord, me faire arraisonner par les Chinois, réparer mon bateau, tenter de monter le K2, essuyer des tempêtes, casser la glace. C'est le long chemin que je n'ai plus à chercher puisque je l'ai emprunté et qu'il m'a conduit ici…

J'ai envie d'y aller tout de suite, d'accélérer le temps, de retrouver cette nuit polaire qui m'attire, de gommer les fuseaux horaires qui se confondront là-haut, lorsque nous atteindrons le pôle, de décider de l'heure à laquelle nous allons vivre puisque ici la temporalité n'est pas la même qu'ailleurs. Plus rien ne compte, les derniers petits messages à faire passer par téléphone satellite, les dernières recommandations ne sont plus que des traces fugitives de mon lien avec un monde que je vais laisser derrière moi.

La seule chose qui m'obsède, c'est de traverser la banquise avec Børge, de faire ce que personne n'a encore fait. De partir vivant et de revenir vivant.

Je me glisse à nouveau dans ma couchette, dans le poste de barre, une sorte de sarcophage au ras du plancher qui me permet d'échapper aux regards. Un immense sentiment de paix m'envahit.

Lorsque je me réveille à nouveau, tout le monde s'active, pour capturer les derniers instants, pour descendre nos quatre luges, *checkées*, *checkées* et *recheckées*. Oublier quelque chose est interdit, nous ne trouverons pas de magasins d'alimentation sur notre route ni de stations-service ! J'aime les départs pour ce qu'ils m'apportent, cette façon de franchir une porte qui va aussitôt se refermer. J'ai toujours trouvé que c'était le moment le plus excitant, beaucoup plus excitant que l'arrivée, quand on ne risque plus rien, quand on comprend que demain on n'aura pas grand-chose à accomplir, que la vie va peut-être retomber dans cette tiédeur pour laquelle je n'ai aucune prédisposition.

Mais je n'aime pas les départs pour ceux que je laisse derrière moi.

Nous sommes prêts, nous voilà tous sur la glace. Les mains se serrent, les larmes percent, personne ne sait quoi dire et je n'en veux pas plus. Les émotions ne se commandent pas, mais elles peuvent se dissimuler, je ne le sais que trop bien : je ne suis pas un fanatique des effusions. Je n'ai de toute façon nulle envie de « Bonne chance » ou de mots trop banals, ils ne servent à rien. Et puis, il ne faut pas tarder, nous n'avons plus de temps à perdre : nous aurions dû partir en août, nous sommes presque mi-septembre.

Annika m'embrasse. Je la sens bouleversée par l'instant. Entre piété filiale pour ce que j'entreprends depuis tant d'années, et anxiété classique lorsque je m'éloigne ainsi de ma propre famille. Mais je ne veux pas que notre au revoir se transforme plus tard en un adieu noyé de larmes et de regrets. Je veux retrouver mes filles, je ne sais pas quand, je ne sais pas comment, même si je pense savoir où, puisque ce sera de l'autre côté… Je ne suis cependant pas de ces hommes qui lancent des promesses ou des serments pour mieux se débarrasser des moments délicats et quitter ceux qu'ils aiment pour éviter les effusions. De toute façon, je n'ai pas d'autre choix que de revenir. Je ne veux pas que mes filles, qui ont déjà perdu leur mère, pleurent la disparition d'un père.

Nous étions de toute façon convenus, mes filles et moi, que je leur écrirais régulièrement pendant la longue traversée, que je ne resterais jamais muet plus de trois jours d'affilée. Parce que dans la solitude qui nous attend, Børge et moi, les mots seront des preuves d'amour, autant que des liens qui nous rattachent à ceux et celles que nous avons laissés.

L'émotion est aisément palpable, notamment chez Laure, pourtant habituée, que notre départ semble désorienter. Bernard me prend dans ses bras, lui aussi est un peu déstabilisé :

« Dans ma carrière de marin, c'est la première fois que je largue quelqu'un comme ça, cela ne me paraît pas naturel. Vous laisser là, en pleine mer, ce n'est pas possible !

— Ne t'inquiète pas, vient toujours un temps où il faut partir, vous comme nous… Je ne veux pas que *Pangaea* reste immobilisée : c'est la première fois qu'un voilier monte aussi haut au nord du monde, et même si nous devons ce record au réchauffement climatique, ce n'est pas une raison pour s'attarder. »

Il vaut mieux que Bernard reparte au plus vite pour garantir la sécurité de l'équipage et du bateau dont il est désormais seul à assurer le commandement.

Il m'assure à nouveau qu'il sera bien de l'autre côté pour nous attendre au Svalbard, une fois que nous aurons terminé notre traversée. Qu'il fera tout pour ça. Qu'il ne restera pas coincé par les glaces, qu'il ramènera tout le monde.

Je sais déjà que je peux compter sur lui, sur sa science de la mer, sur sa compétence de marin. Sa promesse est plus qu'une promesse, c'est un pacte entre lui et moi qui ne se délitera jamais.

Le bateau est là, l'avant posé sur la glace, quelques centimètres le séparent de l'océan Arctique. La vie est souvent une question de centimètres. Parfois ils s'additionnent pour devenir des mètres, puis des kilomètres, parfois ils ne sont pas assez nombreux pour supporter le poids de l'existence. Børge et moi commençons à tirer nos luges. Nous devons rompre le cordon. Il ne faut pas que les adieux traînent trop.

Au loin, les portions d'eau libre envoient leur sombre reflet vers les nuages. D'une noirceur absolue, ceux-ci nous indiquent les endroits où la glace est absente…

Nous avançons, accompagnés par le seul bourdonnement du drone qu'Étienne fait voler au-dessus de nous. Vient enfin le moment où on ne l'entend plus !

Børge s'arrête soudain, il a oublié quelque chose ! Au loin, portés par l'absence de relief, les moteurs de *Pangaea* ronronnent.

Mon ami fait demi-tour, je ne sais même pas ce qu'il a oublié, je m'en moque. Je suis déjà loin, dans mon autre monde. L'expédition a commencé.

Børge revient avec ce qu'il avait oublié. On avait beau être surpréparés, savoir précisément depuis des semaines quoi emporter, le stress de partir en autonomie nous jouait des tours. De mon côté, je regarde le bateau chercher sa route vers une mer plus clémente, je le sens hésiter, je ne vois plus que ses mâts qui montent dans la lumière. Et tout à coup, *Pangaea* part vers l'est, puis vers le sud. Bernard a trouvé la faille, le passage. Je peux regarder devant moi, c'est là où nous allons.

Plus un bruit alentour, seuls les craquements de la glace répondent à l'étrange solennité de l'instant. Ce sont des sons que je retrouve et qui me reconnectent immédiatement à la nature qui m'environne. Avec un plaisir immense, je me laisse happer par l'univers qui m'attend, comme s'il me hélait, et comme si je n'avais d'autre choix que de répondre à son appel.

Je suis séduit, mais ne perds pas l'objectif de vue : arriver de l'autre côté.

– 4 –

Visibles ravages du réchauffement

« Ferme les yeux et dors, Børge.
Avec ou sans souci, quoi qu'il arrive,
tu vas mourir un jour,
alors pourquoi t'inquiéter ? »

Cela fait maintenant deux heures que nous sommes partis. Nous sommes le 12 septembre 2019.

Notre objectif a les vertus de la simplicité : traverser, Børge et moi, ce continent qui n'en est pas un, en passant par le pôle Nord, soit environ 1 500 kilomètres. Une première que nous pensons effectuer en une soixantaine de jours. Si tout se déroule comme prévu, je bouclerai mon objectif initial : ce « Pole2Pole » commencé il y a plus de trois ans et qui m'aura vu parcourir l'Antarctique seul et sans assistance, puis cet Arctique qui se dresse devant nous.

Dans quel état terminerons-nous cette ultime épreuve ? Et au bout de combien de temps parviendrons-nous à traverser cette région inhospitalière, dangereuse et mouvante qui coiffe le haut de notre monde ?

D'abord trouver le bon rythme, le moindre temps perdu se paiera forcément à l'arrivée. Ne pas se prendre non plus pour un cheval fou qui part au galop parce qu'il en avait assez de trottiner. Nous avons une envie folle d'avancer, mais il faut calmer nos velléités. Et puis, parce que nous formons désormais une équipe, réapprendre à vivre ensemble, Børge et moi, comme nous l'avions fait en 2006. Pour l'instant, nous nous relayons sur nos skis, l'un suivant l'autre, tractant chacun ses deux luges qui représentent un poids total d'environ cent quatre-vingt-cinq kilos.

Il ne me faut pas longtemps avant de commencer à ressentir cet instinct presque animal qui m'envahit lorsque la saveur de l'expédition s'empare de mes sens.

Se sont évaporées les odeurs de moteur et de cuisine qui provenaient de *Pangaea*, ne surgit qu'un léger parfum de sel, celui des algues qui, dans le fracas des blocs de banquise entrechoqués, se retrouvent parfois à l'air libre et sont comme séchées par le froid.

Nous progressons pour l'instant sur une glace plutôt fragile. Concentrés, silencieux, trop occupés à observer notre nouvel environnement. Avec cette impression étrange et immédiate d'avoir posé le pied sur un domaine que nous ne connaissons pas, ou en tout cas qui ne ressemble pas à ce que nous avions rencontré ensemble il y a presque quinze ans. Nous étions partis alors que l'hiver était bien installé, sur une glace épaisse et solide. Nous voilà au crépuscule de l'été, la glace est encore en mouvement. Rien n'est figé…

Sur les cartes que nous avons étudiées, nous avons bien distingué des zones d'eau un peu ouvertes, et de la glace à environ une semaine de marche devant nous. Nous espérions que, les températures baissant comme de coutume, le froid transformerait cette eau en glace. Que celle-ci se stabiliserait et grandirait en épaisseur pour supporter le poids de notre aventure…

Nous estimions que 85 degrés nord était la position parfaite pour commencer notre traversée, à 5 degrés du pôle Nord, soit à environ 550 kilomètres. Comment cela se calcule-t-il ? C'est assez simple : le sommet supérieur de notre monde se situe à 90 degrés, et chaque degré, ligne invisible qui découpe la planète entre son sud et son nord, fait environ 111 kilomètres…

Nous voilà donc à 85 degrés nord, là où normalement la glace ne fond jamais. Sauf que l'eau de l'océan tarde à se métamorphoser. Après deux heures de progression lente, nous nous retrouvons devant notre première brèche qui sépare deux monceaux de banquise. La situation n'a rien de surprenant, nous essayons de traverser l'étendue d'eau ouverte comme nous avions l'habitude de le faire, en longeant la rive pour trouver une partie étroite où les deux bords se rejoignent afin de passer d'un côté à l'autre pour continuer notre chemin.

Nous suivons la brèche vers le nord, avant de constater qu'elle ne cesse de s'élargir, nous revenons sur nos pas et essayons vers le sud. Peine perdue, de l'eau là aussi à perte de vue. Nous n'avons pas le choix. Il faut traverser avec les kayaks gonflables que nous avons eu la prévoyance d'emporter.

L'anticipation est l'élément clé de la réussite d'une telle expédition.

Nous les extirpons de nos traîneaux. Deux engins de plage et deux paires de rames au milieu de l'Arctique. Nous les gonflons à la pompe puis, après avoir préparé les embarcations et attaché nos luges étanches à l'arrière des pirogues de plastique à l'aide d'une corde de 2,50 mètres, nous nous élançons. Mais ce n'est pas si simple : d'abord, il faut à tout prix éviter que les luges chavirent. Si le fond est totalement étanche, le haut n'est recouvert que d'une toile en nylon, peu imperméable ; ensuite la corde se prend parfois dans les blocs de glace qui flottent autour de nous. Une fois arrivés de l'autre côté de la brèche, après quelques minutes d'effort, il nous faut tirer la corde, alourdie par les eaux glaciales, qui relie l'embarcation aux luges… Nous avons enlevé nos moufles, où nos doigts font cause commune et se tiennent chaud, pour enfiler des gants de pêcheur imperméables, plus pratiques lorsqu'il s'agit de faire des nœuds ou de tenter des gestes précis mais surtout essentiels. Mouillées, nos moufles deviendraient inutilisables, et l'expédition serait tout simplement mise en danger par ce qui peut sembler un détail. Nous comprenons que si cela se répète, chaque changement occasionnera à la fois un surcroît d'humidité autour de nos mains et un peu de chaleur perdue. Nous ne pouvons nous y résoudre. Nous devons trouver un autre moyen. Car dès le premier jour et quasiment pendant les cinq jours suivants, nous ne cesserons de traverser des zones d'eau libre. Plus vastes et surtout plus nombreuses que nous l'avions imaginé. Parfois même, comme le quatrième jour, nous passerons quasiment toute notre journée sur l'eau. Le réchauffement climatique, ou en tout cas les changements qu'entraînent nos modes de vie, se propagent bel et bien jusqu'ici. La glace pourra bientôt être inscrite sur la liste des espèces en voie de disparition !

Une fois la première brèche traversée et nos kayaks reposés sur nos luges, Børge et moi nous asseyons quelques minutes. Une discussion s'impose, non pour briser le silence qui nous entoure depuis que nous avons quitté le bateau, mais parce qu'il s'agit d'un premier moment déterminant. Nous devons réfléchir de concert, confronter nos avis, faire le bon choix. Nous sommes d'accord sur le fait qu'il nous faut une méthode fiable pour ne perdre ni trop de temps ni trop d'énergie si, comme nous le supposons déjà, les zones d'eau libre viennent à se multiplier. Progresser à skis, déchausser, prendre les kayaks, monter dedans, traverser, trouver le bon endroit pour se hisser à nouveau sur la glace, rechausser les skis, repartir… Usant.

Nous imaginons une première solution, en utilisant tous les cordages dont nous disposons et qui, mis bout à bout, peuvent dépasser la centaine de mètres. Il s'agit de créer une sorte de train de luges. L'un d'entre nous traversera la prochaine brèche en kayak, un bout de la corde attaché à son harnais. Arrivé de l'autre côté, il tirera en marchant, les quatres luges que l'autre aura lâchées, de la même façon que nous tirons nos traîneaux, sans solliciter ses mains. Les quatre wagons flottants arrivés de l'autre côté, le deuxième homme rejoindra le premier en kayak.

C'est ce que nous ferons dorénavant, avant de comprendre que notre méthode devra encore évoluer en fonction d'un environnement bien différent de celui que nous attendions et auquel nous nous étions préparés.

*

* *

(Message envoyé à mes filles, le troisième jour)

Coordonnées GPS :

Lat 85° 46′ 37″ N
Lon 132° 47′ 51″ E

Salut mes bébés,
Encore une journée entre la glace si fragile et les eaux ouvertes. Il faudrait que les températures baissent un peu pour que la banquise se solidifie.
C'est comme si nous marchions sur un champ de mines, en espérant que la glace ne se rompra pas pour nous engloutir.
Avons vu des traces d'ours, quelques phoques et un oiseau…
Encore 470 kilomètres jusqu'au pôle…

*

* *

Lors de ces premiers jours en effet, la météo ne nous est pas vraiment favorable. Il ne fait pas assez froid ! – 12, – 10, parfois même – 8 °C ! Nous espérions être bien en dessous des – 20 °C. Le froid est une denrée encore rare alors que nous en avons tant besoin. Quand les températures baissent comme elles devraient le faire, l'eau gèle et devient glace. Or, plus de glace = moins d'eau libre = terrain plus praticable = progression plus rapide…

Nous sommes en septembre et nous sommes inquiets, l'eau ne se transforme toujours pas…

Avant de partir, nous avions pourtant tous les deux analysé l'évolution de la glace sur les trente dernières années, comparé les données disponibles, la température, la formation de la banquise, son épaisseur, sa superficie.

Il y a trois ans, à la mi-septembre, la glace était omniprésente. Aujourd'hui, c'est l'eau qui l'est, ce qui signifie que la situation a dramatiquement changé. Les scientifiques prédisent que dans trente ans il n'y aura plus de glace au pôle Nord pendant l'été, je pense que tout ira bien plus vite et que d'ici à quinze ans, le mal se sera propagé… C'est sans doute bien plus grave qu'on le croit et c'est une situation que l'on ne peut comprendre qu'en la vivant. Dans nos villes, il est impossible de se rendre compte de la vitesse à laquelle la glace fond. Tandis qu'ici le processus enclenché se transforme en cercle vicieux qui va bouleverser les équilibres : quand on a beaucoup d'eau, cette eau absorbe la chaleur, contrairement à la glace, qui la renvoie. Et telle la pourriture dans un fruit, cette eau, en se réchauffant, va s'étendre progressivement. S'il ne gèle qu'en octobre ou en novembre, quand les températures baisseront vraiment une fois l'hiver installé, la glace sera moins épaisse, elle dégèlera plus vite, modifiant nécessairement l'équilibre climatologique du monde…

En attendant, Børge et moi devons revoir notre perception de l'eau. Nous ne devons pas craindre son omniprésence. Au contraire, elle doit devenir notre alliée, le moyen de parvenir à nos fins. Nous pensions que la glace serait notre seule amie, en réalité, pour l'instant, par son absence, sa fragilité, ses failles et ses craquements, elle nous ralentit. Monter dans la pirogue, traverser une brèche, sortir de la pirogue, tirer les luges, repartir à skis et recommencer, c'est trop de travail, trop de changements, de manières d'avancer. Il nous est arrivé de le faire à six reprises la même journée ! Le chiffre peut ne pas paraître si impressionnant, mais je vous assure que la répétition de ces efforts dans l'environnement dans lequel nous évoluons est proprement exténuante et chronophage. Il faut donc chercher l'eau plutôt que la glace. Et l'utiliser pour progresser, quel que soit son état : à bord de nos kayaks lorsque l'eau libre se présente à nous, dans le kayak aussi lorsque la glace est trop fine mais que nous pouvons avancer doucement, assis, en utilisant nos bâtons pour progresser, ou alors nos rames pour la briser et l'écarter en s'appuyant un peu dessus…

Notre position sur le petit bateau est en tout cas très variable. Il y a la manière traditionnelle, assis, mais en fonction des conditions, Børge et moi pouvons aussi bien nous retrouver à genoux, voire à plat ventre, pour baisser le centre de gravité de l'embarcation lorsque les traversées se révèlent particulièrement dangereuses.

Nous sommes d'accord : pour l'heure, le mieux, c'est indéniablement de naviguer…

Il devient impérieux de nous adapter à ces conditions inattendues qui ne nous conviennent pas. D'autant que nous constatons au même moment qu'outre nos difficultés de franchissement et de progression nous avons commencé à dériver. Et pas tout à fait dans le bon sens. Le pôle Nord n'est pas un continent, il n'y a pas de terre ferme, il n'est constitué, contrairement à l'Antarctique qui repose sur du solide, que d'une banquise qui flotte et se déplace au gré des vents, des courants ou des tempêtes. Nous voulons aller vers le nord, une petite dérive contrarie nos plans, nous emmenant plutôt vers le sud-ouest…

Les conséquences de ce mouvement, associé à notre progression lente, sont déjà évidentes : nous avons pris du retard dès le premier jour. À cette haute latitude, tout se calcule en degrés. Un degré correspond donc environ à 111 kilomètres. Quand tout se passe comme on le souhaite, il faut quelques jours pour parcourir cette distance. Cinq jours, c'est parfait, six, c'est bien, sept, c'est acceptable. Au-delà, c'est moyen…

Il nous faudra huit jours pour dépasser notre premier degré…

Et pour arriver au pôle Nord situé à 90 degrés, nous avons 5 degrés à franchir, soit environ 560 kilomètres…

*
* *

(Message envoyé à mes filles le cinquième jour)

Coordonnées GPS :

Lat 85° 51′ 47″ N
Lon 132° 18′ 36″ E

Hier nous avons établi notre campement sur de la glace solide. Tout semble aller un peu mieux.

*
* *

Monter la tente est une routine dont il ne faut guère dévier. Parce que c'est un exercice quotidien et qu'il ne s'agit pas de perdre du temps à l'installer. Là encore, tout doit se dérouler avec fluidité. Une fois décidé l'emplacement de notre campement, nos mouvements doivent être justes et précis. La décision est toujours mûrement réfléchie, elle peut même prendre des heures. On ne peut s'arrêter n'importe où. Il faut d'abord s'assurer qu'il s'agit d'une plaque de glace suffisamment solide et qui ne dérive pas trop. Il faut ensuite vérifier qu'il y ait de la glace suffisamment ancienne, ou de la neige, que nous pourrons faire fondre pour l'utiliser : l'eau de mer est définitivement trop salée pour être consommée…

Notre choix effectué, je sors la tente à genoux pour

offrir le moins de prise au vent, au froid, Børge enfile les arceaux qui vont lui donner sa forme, je maintiens ensuite la toile pour qu'il puisse la visser dans le sol gelé, puis j'entre. Børge dépose le réchaud à l'entrée, j'installe les matelas au fond. Børge est toujours dehors pour dérouler son dispositif anti-ours, un réseau de fils, couplés à une sorte de chapelet de fusées éclairantes qui se déclencheront si un plantigrade s'y aventure.

Ça lui prend du temps et ce sera l'objet d'un débat résiduel.

« Børge, je ne dors que d'un œil, il ne faut pas s'inquiéter ! »

Mais ça le rassure. Alors je le laisse faire.

La tente ressemble à un tunnel dont l'une des ouvertures, que nous appelons l'arrière, reste fermée, tandis que nous n'utilisons que celle de devant. Mon royaume est au fond, c'est là où je me faufile parce que je suis un peu plus petit que Børge et qu'il est plus simple pour moi de m'y glisser. C'est là où je fais mes besoins après avoir creusé un trou, là où je déverse mes urines, recueillies dans une petite bouteille que je garde avec moi le temps qu'elle me réchauffe un peu, c'est là aussi que, chaque soir, je prends mon petit carnet bleu pour noter en quelques lignes et au crayon à papier – car les mines, contrairement à l'encre, ne gèlent pas – les phrases qui vont résumer l'aventure vécue. C'est enfin là que l'un comme l'autre nous communiquons avec nos proches, lorsque le besoin s'en fait sentir. Grâce aux progrès dans les transmissions, nous pouvons envoyer et recevoir des photos (à condition d'être en résolution et en format réduits), de courts e-mails, et même effectuer de brefs appels téléphoniques.

Dans la tente, Børge me fait face. La cuisine est installée à l'avant, dans le vestibule. Là où Børge prépare la neige qu'il va faire fondre ou après avoir trouvé de la glace propre et non salée, ce qui n'est pas toujours évident…

Nous pouvons alors utiliser notre réchaud qui fonctionne au fuel pour obtenir les quatorze litres d'eau dont nous avons besoin pour la journée… Chaque soir, au dîner, nous commençons par une soupe, de poissons bien souvent, saumon, morue, dans laquelle on émiette des chips. Ça gonfle, c'est nourrissant. Ensuite, nous préparons un plat lyophilisé que nous extirpons du sac dans lequel nous stockons nos rations pour dix jours… Là encore, il faut ajouter de l'eau très chaude. Puis avant la dégustation, placer la gamelle fermée à l'intérieur du sac de couchage dans lequel nous nous sommes allongés, près de l'entrejambe, là où ça réchauffe les cuisses, les jambes, les mains. Une fois qu'il est à température acceptable, il est temps de s'asseoir dans le sac, parce que la faim nous taraude. Il ne faut pas tout avaler d'un coup, choisir de ralentir, pour le plaisir. Un plat de kebab-riz, de porc à la crème, de bœuf-purée, de pâtes bolognaises, même reconstitué, se déguste avec un sourire de gourmet… Du moins les premiers temps.

Il reste encore de l'eau chaude, que l'on verse alors dans des petites bouteilles de plastique et que l'on glisse dans nos sacs pour réchauffer nos pieds. Quand l'eau est devenue froide, nous la buvons, car il est essentiel de s'hydrater régulièrement, même pendant nos instants de repos… La nuit, respirer, voire transpirer – ce qu'on n'aurait pu imaginer avant l'expédition – nous fait perdre un demi-litre d'eau. Alors, on se réveille chaque heure ou toutes les deux heures, on boit, on vérifie que nos pieds sont toujours là et surtout qu'il ne gèle pas à l'intérieur des sacs de couchage. Pas question que nos orteils subissent les effets si nocifs du gel.

On se rendort alors, les sens en éveil. Un craquement dans la glace, un bruit… Je m'endors très facilement, mais me réveille d'un bond. Même lorsque je ronfle comme un sonneur. Tandis que Børge a plus de mal à sombrer dans le sommeil. Mon partenaire est un homme soucieux.

« Ferme les yeux et dors, Børge. Avec ou sans souci, quoi qu'il arrive, tu vas mourir un jour, alors pourquoi t'inquiéter ? S'il te plaît, laisse tes soucis sur la glace avant d'entrer dans la tente. »

Le matin, on se réveille, on boit de l'eau, puis on se prépare un café, deux grammes chacun, pas plus. Nous mangeons ensuite des flocons d'avoine mélangés à de l'huile d'olive et du sucre brun, le tout nous procure ces quelques protéines, lipides et glucides si nécessaires à la santé de l'explorateur. Une sorte de porridge que je mettrai une vingtaine de minutes à avaler les premiers jours, car mon estomac était tellement plein en quittant *Pangaea* qu'il n'avait pas encore pris l'habitude d'ingurgiter autant de calories.

Nous préparons enfin la nourriture pour la journée, un mélange de noix, de fruits secs broyés avec de l'huile de tournesol ou de l'huile d'olive, pour varier le goût de la mixture. Nous garnissons nos poches de ces sachets individuels qui nous serviront de rations supplémentaires.

Nous replions alors le campement, prêts à repartir.

La tente, minuscule lieu clos, va devenir notre espace de vie en commun, notre chapelle, notre parlement. Nous y mangeons, nous y dormons, nous y parlons parfois, nous notons chacun les éléments marquants de la journée que nous venons de passer, nous communions parfois ensemble. Comme lors du troisième jour, alors que rien n'allait comme nous l'espérions : Børge a soudain sorti un gâteau à la fin du repas. Il l'avait préparé sur *Pangaea* pour célébrer l'anniversaire de sa petite fille. Des noix, du beurre, du sucre, un truc de folie ! Alors que nous n'avions fait aucun progrès et que nous étions même, à cause de la dérive, quasiment au même niveau que là où le bateau nous avait déposés…

« Børge, c'est pour quoi ?

— Pour fêter l'anniversaire de ma fille. »

Après une journée extrêmement dure, nous avions trouvé un petit îlot de glace parfait, ni trop grand ni trop petit, avec une jolie perspective sur le soleil qui refusait toujours de se coucher. Børge avait absolument voulu y établir le campement, j'ignorais encore la raison de cette volonté féroce.

On mange un morceau de gâteau, lui dans son sac de couchage, moi dans le mien. Petit moment festif qui rapproche et réchauffe. Il appelle ensuite sa fille avec le téléphone satellite. Ils discutent en norvégien, une langue que je comprends un peu. Il semble triste. Une fois qu'il a raccroché, il me parle de ses regrets de ne pas être avec elle, du vélo qu'il va lui offrir pour qu'elle puisse en faire avec lui… Je lui réponds qu'il y a un cadeau bien plus beau pour justifier son absence, c'est cette part d'inspiration qu'il lui offre en réussissant quelque chose que personne n'a encore réalisé.

L'inspiration est un sentiment qui ne m'a jamais quitté. Un mouvement intérieur qui pousse et entraîne, voyage au plus profond de soi-même pour comprendre d'où proviennent nos envies et nos désirs. J'explique à Børge que j'ai bien sûr été inspiré par mes lectures, mes passions d'enfant, mais aussi par mon père. Comme lui doit devenir source d'inspiration pour sa fille.

Mon père, professeur et directeur d'école, fit aussi une belle carrière de rugbyman, avant de disparaître trop tôt… Il partait courir tous les matins à six heures. Je l'ai sans doute déjà racontée mais j'aime trop cette anecdote pour résister au plaisir de la partager à nouveau[1]. Je voulais être comme lui, il était mon modèle. Alors je me levais et essayais de le suivre… Il me montrait un chemin, et je ne voulais pas être aveugle. Comme il ne courait pas moins vite, c'était à moi de me rapprocher de son rythme. Au fil des jours, je me fixais une ligne virtuelle que je devais dépasser pour progresser. Il m'arrivait de vomir lorsque j'allais au-delà de ce que mon petit corps d'enfant était capable de supporter. Mais je ne lâchais rien. Chaque chose a son prix.

À l'adolescence, je partais toujours avec lui et terminais juste derrière. En me demandant sans cesse pourquoi mon père courait. Les réponses m'apparaissaient multiples. Il courait pour devenir meilleur, il

1. Mike Horn, *Vouloir toucher les étoiles*, XO Éditions, 2015 ; Pocket, 2017.

courait pour montrer l'exemple, il courait pour dépasser son adversaire, pour ajouter sa valeur individuelle au collectif. Un jour je lui en ai parlé, il m'a répondu que j'avais bien compris, mais qu'il y avait autre chose que je n'avais pas encore saisi.

« C'est aussi toi qui m'inspires, Mike, quand je te vois te réveiller tous les matins depuis des années pour me suivre, même si je sens que tu n'es plus derrière moi, dans ma tête, tu restes à mes côtés. »

Je compris alors que l'une des sources de la vie était là aussi, que chacun peut inspirer l'autre, il n'existe ni sens unique ni sens interdit. Si ce n'est celui de décevoir.

C'est ce que je dis à Børge ce soir-là et j'ai l'impression que ça lui remonte un peu le moral. Børge n'est pas quelqu'un qui rit beaucoup ni qui montre ses émotions. Une fois dans la tente, il a pour habitude de mettre ses petits écouteurs pour écouter des poèmes et des chansons. Pour ma part, je n'ai emporté ni musique ni casque, je préfère écouter les bruits de ce monde fascinant dans lequel nous évoluons… Craquements de la banquise, sifflements du vent et compression de la glace composent une symphonie que je me plais à décrypter.

Quelque chose commence néanmoins à me préoccuper : on n'avance pas…

Alors le lendemain, parce que nous nous sommes arrêtés un peu trop longtemps dans ce petit paradis, nous passons une journée entière à ramer deux fois plus que prévu pour rattraper le temps. Quand nous nous arrêtons, après dix heures d'efforts, nous nous apercevons que nous n'avons fait que 2 kilomètres.

Deux kilomètres ! À cause de cette foutue dérive qui nous emmène toujours plus au sud.

Nous sommes posés sur un tapis roulant qui recule !

La dérive ne se sent pas physiquement, mais elle se voit, en comparant par exemple les mouvements des morceaux de glace autour de nous. Son sens varie, elle peut aller d'est en ouest, du nord au sud… Elle peut aussi bien nous amener plus vite à notre but que nous en éloigner. Ce qui est le cas. Nous avons l'impression de lutter contre une force invisible. Comme si la glace s'était donné rendez-vous au sud de l'Arctique, et qu'elle s'y laissait descendre en nous emmenant avec elle, la moqueuse.

Pas encore un drame, mais déjà des raisons de s'alarmer. N'est-ce pas cela pourtant qui rend ma vie intéressante et m'empêche de sombrer dans la monotonie ? Lorsque je pense vivre le pire moment de ma vie, je sais que j'en connaîtrai bien d'autres, mais j'ignore leur fréquence, leur durée, leur intensité… Il est là l'excitant, le pire est une pochette-surprise qui te contraint à ne jamais lâcher prise, à ne jamais penser : « Voilà, je maîtrise la situation. » Il peut m'arriver de maîtriser un instant de ma vie, ou de ma journée, je ne maîtrise jamais la globalité de ce qu'il va me falloir endurer. Parce qu'elle m'est encore inconnue. Notamment ici, où les modifications sont si rapides, si constantes et si stupéfiantes que le manque de maîtrise sur notre environnement devient la plus grande raison pour laquelle nous pourrions, Børge et moi, ne pas arriver au but que nous nous sommes fixé.

– 5 –

Arctique en danger

« Si on rêve les yeux fermés,
on ne parvient pas à se mettre debout
pour réaliser ses rêves.
J'ai toujours rêvé les yeux ouverts. »

Quand tu débarques d'un monde civilisé où tu manges ce que tu désires, où tu dors dans un lit chaud, où tu peux changer de vêtements avant même qu'ils ne commencent à sentir mauvais, l'Arctique est là pour t'apprendre à oublier les bienfaits de l'existence. Tu dors dans une tente où le froid est constant, tu ne te changes jamais, tu vas garder tes sous-vêtements le temps que durera l'expédition, la seule liberté qui te reste, c'est d'ajouter ou de retrancher des couches en fonction de la température. Qu'elle augmente ou qu'elle diminue, tu es constamment en train de jouer avec le nombre de strates que tu portes.

Pour ce qui est de la nourriture, c'est une lente escalade mentale qui s'entreprend dès le premier jour. Une fois posés sur la glace, une fois les premiers mouvements entrepris, une fois conscients des difficultés qui nous attendent, les minutes et les heures défilent, propices à laisser voguer les pensées. Au début, les miennes penchent vers celles et ceux que j'ai laissés, amis, enfants, femme. L'absence est un formidable moulin à souvenirs. Je me rappelle ce que je faisais avec eux pendant les vacances, les expéditions, les moments un peu plus particuliers. Progressivement, mes pensées évoluent, se déplacent vers un « Tiens, je boirais bien un peu de vin. Tiens, si je trouvais un morceau de chocolat qui n'est pas gelé… ». Cela suffit au bonheur de l'instant.

Après le troisième jour, tous les désirs se sont éteints. C'est alors qu'on grimpe vraiment les marches de la fameuse pyramide des besoins qui vont s'amenuisant. Très rapidement, on ne pense donc plus qu'à la bouffe, puis on ne pense même plus à ce qu'on va bouffer, à ce qu'on va choisir dans le menu, car on a dépassé l'envie d'avoir faim. On a juste faim. Les priorités évoluent, les pensées ne se concentrent plus que sur deux actions fondamentales, qui vont nous permettre de rester vivant, et de survivre : manger et boire. Alors, on va manger et boire en se moquant de ce qu'on mange ou ce qu'on boit. On est parvenu au sommet de la pyramide, là où on comprend que le goût de la nourriture n'a plus d'importance, et qu'on pourrait même boire un peu d'eau salée, parce que si on n'a pas le choix, ce n'est pas ça qui va nous tuer.

On est mentalement rentré dans son expédition, on saisit plus que jamais ce qui pourrait nous attendre.

*
* *

(Message envoyé à mes filles le septième jour)

Coordonnées GPS :

Lat 86° 07′ 16″ N
Lon 131° 37′ 25″ E

Alors que la lumière se fait de plus en plus basse, que les ténèbres commencent à régner sur l'Arctique pour geler toute vie pendant les six mois prochains, je retrouve tout ce que j'aime dans les challenges que je me fixe. La glace est toujours fine, les eaux libres sont encore là, la dérive nous emmène je ne sais où, le vent est froid, les conditions de vie humides, et le roi de l'Arctique, l'ours polaire, ne semble jamais loin.
Mais dans cette vie, si tu ne sais pas t'adapter, tu ne survivras pas longtemps. Voir les choses simplement, rester dans le fonctionnel sont les clés pour vivre heureux là où nous sommes. Børge et moi sommes en mode survie, les sens en éveil pour essayer de comprendre ce qui se passe autour de nous. Chaque seconde qui passe est importante, chaque décision que nous prenons ensemble est primordiale. Une erreur, et c'est la fin du match…
Notre plus grande crainte reste encore et toujours cette glace trop fine…

*
* *

Nous sommes déjà le septième jour, et l'Arctique ne nous lâche toujours pas. C'est un combat sans nom, avec des changements continuels à mesure que les journées avancent. Le vent, la neige, l'eau ouverte, la glace fine et celle qui commence parfois à s'épaissir. Tout n'est que challenge. L'Arctique est un boxeur sans pitié qui te met dans un coin du ring. Acculé dans un angle, tu ne sais plus où aller. Tu as l'impression que ton adversaire te conduit gentiment là où tu n'auras plus d'échappatoire, comme s'il entendait te punir pour avoir cru que tu pourrais n'en faire qu'à ta tête. Comme si tu l'entendais te dire : « Ici, ce n'est pas toi qui décides, c'est moi. »

Et puis survient le moment où l'on se demande si, dans sa largesse, cet ennemi invisible n'a pas accepté de nous laisser passer. Un geste de grand seigneur. Après une semaine, nous n'avions progressé que d'un demi-degré, soit un peu plus de 55 kilomètres, mais c'était peut-être le demi-degré le plus difficile, voire le plus important de notre expédition. Celui qui nous rappelle que tout se mérite et que rien n'est jamais acquis lorsque, ce soir-là, en entrant sous la tente, je consulte comme toujours le GPS. Le point géographique qu'il m'indique, là où nous nous sommes arrêtés, me fait sourire et respirer enfin l'air de la bonne nouvelle : la dérive a sans doute choisi une autre direction, elle ne se dirige plus vers le sud, mais prend le chemin du nord-ouest. C'est mieux, beaucoup mieux.

Je préviens Børge, nous voilà comme deux fous, prêts à en découdre. Même si la température grimpe à nouveau – le lendemain, il fait − 8 °C, la glace va en subir les effets néfastes –, nous replions la tente et quittons le campement au plus vite. Nous glissons sur nos skis, sur une surface lisse et agréable. Malgré les peaux de phoque qui ralentissent un peu notre avancée, nous avons l'impression de revivre lorsque nous constatons à la fin de la journée que nous avons parcouru 30 kilomètres, l'équivalent de ce que nous avons péniblement effectué en une semaine !

Il fait même si bon que je me permets de skier torse nu. Un 20 septembre, dans l'Arctique ! S'il fallait un élément de preuve supplémentaire que notre planète connaît des coups de chaud même à ses extrémités… La sensation est douce, le constat encore plus alarmant qu'imaginé. Le soir venu, nous discutons avec Børge de l'adversité, de ces obstacles que la vie dresse devant nous et que nous renversons toujours. Une forme de positivisme que je défends depuis des années : quand il faut se battre contre un environnement hostile, ce qu'il faut percevoir, c'est la beauté de ce qui nous entoure plutôt que les difficultés qui se dressent devant nous. Si aujourd'hui on ne commence pas à voir les splendeurs que la nature nous offre en même temps que ses chausse-trapes, à la fin, nous ne regarderons que les obstacles. Et quand on ne voit que les contrariétés, à un moment, celles-ci deviennent plus grandes que nous. C'est là qu'il est impossible de les surpasser.

Cela signifie simplement que, lorsque nous sortons de la tente, nous n'ignorons certes rien de ce qui pourrait nous empêcher d'avancer, mais il nous faut reformater notre regard, entraîner nos yeux à distinguer la magnificence au milieu de l'enfer. La glace fine n'est plus un danger mais un miroir, les blocs qui nous empêchent d'avancer comme nous le souhaitons ne sont pas des murs dressés devant nous, mais une sculpture offerte par la nature, si l'eau ouverte semble sans limites, regarde plutôt ses couleurs somptueuses que tu ne vois qu'ici. Savoure la réflexion de la neige sous le soleil, la beauté de ce même soleil qui va bientôt disparaître totalement, de mi-novembre à fin janvier, la lumière, si basse, si intense, si formidable qu'elle éclaire ta vie.

Transforme tout cela en source d'inspiration, et les embarras n'en seront plus.

Un jour, Børge marche devant moi. Il aperçoit des cristaux en forme de cœur. S'il n'avait pas voulu les voir, il ne les aurait pas vus. Sa manière de distinguer les choses de la vie ressemble enfin à la mienne, il n'a pas juste vu des cristaux, il a vu des cœurs ! La nature lui a révélé un brin de ce qu'elle cache aux yeux de celui qui ne prend pas la peine de regarder. En distinguant les cœurs infimes, Børge a pensé à sa fille, et il les a photographiés pour elle.

Sa fille, sa raison d'être, cher Børge…

*

* *

(Message envoyé à mes filles le neuvième jour)

Coordonnées GPS :

Lat 86° 36′ 24″ N
Lon 131° 54′ 51″ E

Encore une bonne journée à monter vers le nord, même si le paysage change sans cesse.

Zone de compression avec de nombreux blocs de glace comme des monceaux de rochers qui se seraient entrechoqués. Nous avons enfin aperçu les premiers signes que nous avancions sur de la glace ancienne, nous espérons que, très vite, nous pourrons progresser sur une banquise enfin solide.
C'est en tout cas le genre d'endroit où les ours polaires aiment venir faire la fête. J'ai découvert l'une des plus larges traces que je n'avais vues depuis longtemps. Un vieil ours semblant marcher en zigzag, cherchant de quoi manger mais ne trouvant sans doute pas grand-chose. Au vu des traces laissées par ses pattes, il semble bien maigre, et sans doute affamé. Ce qui pourrait devenir un problème pour nous. Il va falloir dormir les yeux et les oreilles entrouverts…

*

* *

Le neuvième jour, enfin, est à marquer d'une pierre aussi blanche que la glace. C'est le premier jour où nous ne nous servirons plus de nos kayaks, nous sommes à 3 degrés 30 du pôle, un peu plus de 380 kilomètres. La glace est solide, le moral le redevient. Nous apercevons nos premières traces d'ours polaire. Elles ne sont pas parfaitement droites, ce qui signifie que l'animal, sans doute un vieux mâle efflanqué, a dû sentir quelque chose, qu'il est peut-être en chasse et qu'il suit la direction que lui indique son odorat. Un ours peut nager 100 kilomètres par jour, marcher 80 et sentir à 50… Mais trouvera-t-il la nourriture dont il a besoin ?

J'ai toujours entretenu un rapport distancié et respectueux avec le grand prédateur blanc, parce que, ici, nous sommes chez lui. Sans qu'il nous ait vraiment invités ! Je constate pourtant avec amertume qu'au fil des années sa présence semble diminuer, que ses traces sont moins nombreuses. Je m'en félicite car cela nous évite le risque de trop mauvaises rencontres, mais j'y vois aussi un indice supplémentaire de ce que notre planète est en train de subir. En 2006, nous en avions croisé, au plus près même puisque seule la toile de notre tente nous séparait des crocs et des griffes de l'animal, certains nous avaient même suivis, comme si les bêtes curieuses, c'était nous… Mais depuis j'ai l'impression que le nombre de ces somptueux plantigrades est en chute libre… Qui n'a pas vu les images de ces ours amaigris, rôdant parfois autour des villages à la recherche de leur pitance, se nourrissant de déchets et de rebuts ?

Moins de banquise pour chasser le phoque, sa proie préférée, victime de l'homme, de ses pratiques et de ses actions dévastatrices qui dérèglent son existence, le roi de la banquise sera-t-il amené à disparaître ? Oui, je le crains mais ne le souhaite surtout pas. Quitte à devoir, un jour ou l'autre, me retrouver face à l'un de ces redoutables guerriers des immensités.

Pour l'heure, tout indique que l'animal s'éloigne de l'endroit où nous nous trouvons et qu'il remonte sans doute le vent, nos odeurs ne parviendront donc pas jusqu'à lui. Comme il est rare qu'une de ces créatures fasse l'aller et le retour en suivant le même chemin, nous nous installons sur ses propres traces. Mais mieux vaut rester sur nos gardes…

Le lendemain, nous avons enfin la confirmation que nous attendions. Nous sommes bel et bien sur de grandes plaques de glace qui devraient nous amener jusqu'au pôle… Nous avons enfin trouvé le rythme que nous nous évertuions à chercher. Nous regardons devant nous et commençons à rêver plus grand.

Si on rêve les yeux fermés, on ne parvient pas à se mettre debout pour réaliser ses rêves.

J'ai toujours rêvé les yeux ouverts.

C'est autour du onzième jour que nous commençons vraiment à progresser. La glace est devenue plus épaisse, même si elle n'est pas toujours lisse, souvent cassée, fracturée, et qu'il nous faut nous battre pour la traverser lorsqu'un chaos de blocs gigantesques se profile devant nous. Le protocole est bien balisé : déchausser, grimper sur les amas de glace, hisser nos luges, redescendre de l'autre côté, faire glisser les traîneaux, rechausser, repartir…

Entre Børge et moi, tout fonctionne à merveille. Cette fois, nous communiquons, nous discutons, nous savons qu'aucun de nous n'y arrivera sans l'autre, nous sommes soudés, tendus vers le même but. Pas de calculs, chaque décision prise fait l'unanimité.

Une dynamique se crée, un échange naît. À chacun d'apporter ses qualités, Børge connaît mieux la glace que moi, je suis peut-être un peu meilleur navigateur que lui. J'ai mes repères, issus de mes expériences polaires et océaniques, de mes rencontres avec les Inuits, de ce qu'ils m'ont appris à regarder et à sentir. Les fanions sur mes bâtons, pour la direction du vent, l'ombre du soleil puisqu'il fait encore jour pour conforter notre cap, les congères formées par le vent et les tempêtes, les traces fraîches de neige sur un côté plutôt que l'autre, tout est analysable, tout donne un sens, tout participe de ce sentiment que nous sommes sur la bonne voie.

*

* *

(Message envoyé à mes filles le onzième jour)

Coordonnées GPS :

Lat 86° 59′ 55″ N
Lon 132° 15′ 57″ E

Aujourd'hui, onzième jour depuis que nous avons laissé reprendre la route du Sud. Nous allons atteindre les 87° nord, plus que 3 degrés avant d'atteindre le pôle. Température plutôt douce, – 6°C. Je trouve étrange que nous ne croisions pas plus d'ours polaires, mais il me semble important de noter qu'ils sont probablement moins nombreux qu'il y a quelques années. Nous avons rencontré un signe de vie aujourd'hui, mais sans la vie qui aurait dû aller avec. C'était un de ces trous que les phoques font dans la glace pour pouvoir sortir la tête et respirer… D'ailleurs lorsque la présence des phoques est acquise, il est probable que les ours ne soient pas loin.

*

* *

Que le vent change de direction, que le soleil disparaisse bientôt pour laisser la place à la longue nuit, que l'étoile Polaire n'apparaisse pas forcément pour nous indiquer la direction du nord, et d'autres questions se poseront. J'essaierai alors d'y répondre.

La navigation est un art extrêmement délicat, et j'y suis sensible. Lors de mon expédition Arktos, j'avais passé deux ans et trois mois seul autour du cercle polaire, où la navigation était primordiale. J'avais aimé déceler ce que personne ne voit, une traînée de neige vierge, la forme des flocons, tous ces minuscules détails que j'ai appris à voir. Que l'on parte dans une mauvaise direction et chaque pas que l'on fait nous éloignera de notre but. Si on ne s'en rend pas compte, les heures s'additionnent, les jours aussi, peut-être. Jusqu'à ce que l'on comprenne que tout est perdu, que l'on ne parviendra jamais là où l'on espérait arriver…

Aller au pôle Nord relève d'une science, celle qui fait se conjuguer la recherche et l'instinct, l'envie et l'expérience. Car arriver au plus haut de notre monde, ce n'est pas simplement marcher, skier, ou ramer, le pôle Nord n'est pas une montagne dont le sommet ne dévie pas d'un pouce, le pôle est un endroit glissant et mouvant, sur une glace qui bouge et dérive, où tu dois te dépêtrer seul pour avancer le mieux possible. Comme un marin à la barre d'un voilier sans quille.

C'est donc au onzième jour que le plaisir ressenti s'est enfin rapproché, à travers les premières souffrances mentales et physiques, de cette addiction formidable qui m'a toujours submergé. L'aventure, ou en tout cas la sensation d'aller de l'avant, est une drogue en même temps qu'un espace de méditation.

Il me faut les deux pour me sentir moi-même. Rester zen en étant inactif, je ne pourrais jamais. Méditer en mettant durement mon corps au travail me rapproche de l'harmonie. C'est une voie que nous n'explorons pas assez…

Pourtant les conditions sont toujours loin d'être exceptionnelles : du gris, du brouillard que je pourrais presque couper avec mon couteau, Børge qui me suit en ne distinguant qu'une ombre… Mais je m'en satisfais car je sais que, d'ici à deux jours, la nuit polaire tombera sur nous. Dans quelques dizaines d'heures, le soleil va disparaître pour la durée de l'expédition. L'hiver prendra ses quartiers, et étendra son ombre sur un territoire gigantesque. À moins de 5 degrés du pôle, et lorsque la lune sera au-dessous de l'horizon, le noir sera total. La perspective est attirante, je veux rentrer dans les ténèbres parce que, dans le noir, je vois toujours mieux qu'en pleine lumière. Tous mes sens entrent alors en action, exacerbés, aiguisés comme une lame ; je sens, j'écoute, je contemple, je touche. Et je comprends.

J'utilise mon corps tel qu'il a été conçu, parce qu'il a été fabriqué pour ça… Et c'est une satisfaction énorme. Une façon d'entrer en osmose complète avec la nature. J'ai si hâte de me confronter à la nuit !

En attendant, nous commençons à nous poser quelques questions sur nos luges. Nous tractons donc chacun nos cent quatre-vingt-cinq kilos. Nous sommes notamment partis avec quatre-vingt-cinq jours de nourriture, soixante litres de fuel, quatre batteries au lithium pour charger nos appareils de communication. Plus une centaine de piles pour les lampes frontales et les GPS. À mesure de notre avancée, même de manière minime, le poids des traîneaux diminue. Entre la nourriture avalée et le fuel consommé, vers le douzième jour, nous estimons nous être allégés chacun de presque vingt kilos de bagages.

Nous le sentons bien en les tractant, lorsque nous devons passer d'énormes congères ou des amoncellements de blocs de glace monstrueux que nous perdrions trop de temps à contourner. Désormais, nous montons à deux, en hissant chacun notre première luge, puis nous retournons chercher la seconde. Beaucoup d'énergie dépensée, beaucoup de calories gaspillées.

Même lorsque nous avançons sur la neige fraîche et profonde, nous procédons de la même façon. Le premier fait la trace, exercice éreintant puisqu'il faut avancer sans repère, en tassant la couche qui vient de tomber ; le deuxième suit en se coulant dans les deux traits imprimés, se fatiguant moins et tirant la première luge. Après quelques kilomètres à ce rythme, nous nous arrêtons, faisons demi-tour et venons chercher la seconde luge.

L'une est en Kevlar, solide et flexible, avec deux patins, lourds, sans grâce, qui ont tendance à appuyer sur la neige ; l'autre, un peu plus grosse, est en plastique : mieux dessinée, elle glisse grâce à son dessous plat. On la sait, pour avoir rencontré des explorateurs qui l'ont déjà utilisée, peut-être un peu plus fragile, parce qu'elle pourrait notamment se fendre. Mais nous avons pris le risque. Si elle casse, et que nous avons déjà suffisamment allégé notre chargement, nous pourrons nous en débarrasser. C'est en tout cas l'option dont nous discutons. Parce que viendra le moment où nous traînerons une luge quasi vide. Ce qui ne rimerait à rien, nous sommes bien d'accord.

Pour l'instant, nous en sommes encore au stade de la réflexion, convaincus néanmoins qu'un jour ou l'autre nous abandonnerons deux de nos quatre traîneaux.

Après mûre et intense réflexion, nous finirons par nous débarrasser, ce jour-là, de nos deux luges en Kevlar, en espérant qu'au moment du dégel quelqu'un les récupérera, flottant dans des eaux généreuses.

Erreur grossière de notre part, nous l'expérimenterons plus tard.

– 6 –

Innover pour se protéger

« La perception des choses change.
Je ne cesse de regarder autour de moi,
songeant aux dangers potentiels
plutôt qu'à la beauté de l'endroit
qui nous entoure. »

Comme nous savions, au début de l'expédition, qu'il ne ferait pas trop froid au cours des premiers jours, nous avions pris deux sacs de couchage à usage différent. L'un, comme en 2006, pour les très grands froids, et l'autre plus léger pour les températures un peu plus clémentes, que nous avions aussi prévu d'abandonner quand les conditions se durciraient.

Dormir dans un sac nécessite quelques explications, car nous sommes loin de ce que peuvent connaître les campeurs et les randonneurs. La nuit, dans le froid, nous perdons pas mal d'eau, à la fois en transpirant et en respirant. Cette humidité ne doit absolument pas s'immiscer dans notre duvet, qui n'est pas constitué de plumes mais de fibres synthétiques isolantes, un peu comme les poils de la fourrure des ours. À l'intérieur de ce premier sac, nous en utilisons donc un second, en plastique, qui s'apparente un peu à ceux dans lesquels les militaires entreposent leurs morts au combat… À la différence que le nôtre ne dispose pas d'une fermeture à glissière mais ressemble plus à un sac-poubelle dans lequel nous nous glissons. On peut y transpirer – car oui, la nuit, même sans bouger, nous suons un peu –, l'humidité ne passe pas à travers. Au contraire, elle reste autour de notre corps, imprègne certes un peu nos sous-vêtements, mais ça s'arrête là.

Au matin, il ne me reste qu'à extirper le sac en plastique et à le mettre dans le vestibule, à l'entrée de la tente. Il y fait si froid que l'humidité se transforme rapidement en glace, je n'ai plus qu'à frotter pour que les petits glaçons s'en aillent. Tous les quinze jours, je retourne le sac et utilise l'autre côté. J'ai l'impression alors d'en utiliser un nouveau !

En 2006, nous n'avions qu'un sac chacun. Un jour l'humidité s'y était infiltrée, si bien qu'il n'était plus qu'un bloc de glace au matin et qu'il nous avait été impossible de le rendre sec à nouveau.

Cette fois, le dispositif se révèle payant dès les premiers jours, lorsque les températures nous rappellent que le climat général du monde évolue, et pas forcément dans le bon sens.

Quand le froid polaire commence à s'abattre sur nous, nous décidons, toujours dans notre quête d'allégement, que bientôt nous brûlerons nos sacs de couchage légers. Quelques larmes de fuel, une flamme, et ils disparaîtront. Pas très écologique, j'en conviens, mais c'est une façon de faire le vide en laissant peu de traces. Nous procédons déjà de même avec les sacs d'emballage de notre nourriture, que nous réduisons régulièrement en fumée.

Nous en gardons toutefois certains, notamment ceux où nous conservons notre chocolat, propres et secs, parce que nous les utilisons comme surchaussettes.

Là aussi, le combat est d'importance. Garder les pieds secs est une nécessité en même temps qu'une obligation…

En quelques mots, voici le dispositif. J'enfile d'abord une paire de fines chaussettes en laine, minces car plus faciles à sécher, puis un de ces fameux sacs en plastique pour que l'humidité, toujours elle, pénètre le moins possible, et surtout ne s'infiltre pas jusqu'à la laine. J'ajoute alors une grosse paire en laine, puis une sorte de film synthétique, en Polartec, qui aspire l'humidité sans laisser entrer l'air.

Ensuite j'enfile mes chaussures, trois pointures au-dessus du 43 fillette que j'utilise dans le civil, je les lace et ajoute une paire de guêtres doublées en Goretex comme premier rempart.

Chaque matin, il me faut une quinzaine de minutes pour être prêt. La nuit, je ne garde que les chaussettes fines, tandis que les autres paires sèchent tant bien que mal à l'intérieur du sac.

Sinon, dans cette existence où l'on pourrait diviser nos vies en deux, dans le sac et hors du sac, tout avance tranquillement, jusqu'au quatorzième jour, où nous nous apprêtons à essuyer notre première vraie grosse tempête, vent fort, ressenti plus fort encore. L'impression qu'il fait − 50 °C tant l'addition de la température et du souffle glacial multiplie la sensation de froid. Et pompe toute notre énergie.

La tempête fait bouger la glace, la fait exploser même ; des fissures se font jour, le campement devient dangereux car on ne sait jamais si nous nous trouvons sur une zone susceptible de se fracturer. Nous reprenons la route. Plus lentement que les jours précédents.

Parce que lorsque l'on parle de froid mordant, l'expression dit bien ce qu'elle veut dire.

Là, il se fait pitbull qui n'entend pas desserrer ses mâchoires…

C'est sur le nez principalement que le mal concentre ses assauts. Autour de la tête, nous portons de la fourrure de glouton arctique, animal dangereux et agressif de ces régions dont le poil dense ne gèle pas et surtout conserve la chaleur. Avant de quitter l'Alaska, nous nous étions procuré deux cagoules chez des vendeurs patentés, car le commerce de peaux reste toujours très encadré…

Sans cette fourrure, je ne donnerais pas cher de nos gueules d'aventuriers ! Le froid brûle pire qu'une flamme, le froid rend la peau fragile, le froid attaque dès qu'il sent une faille. La meilleure manière de nous protéger consiste à utiliser la morve qui coule de nos nez, et de nous en tartiner régulièrement le visage. C'est la méthode esquimaude, ça fait comme une couche protectrice. Avec la fourrure de glouton qui cercle le visage, cela permet de conserver un peu de chaleur autour des yeux. Et de ne pas geler la cornée. Car si de petits cristaux glacés se forment dans les veines oculaires, le risque est grand de revenir aveugle…

Nous portons parfois un masque pour que le bout de nos nez ne soit pas « brûlé » par le froid, surtout quand la nuit s'empare du pôle. Il ne faut cependant l'enfiler que dans les circonstances les plus extrêmes sous peine que l'humidité de nos expirations gèle à l'intérieur du masque protecteur, que des mini-stalactites s'y forment, et que notre vision s'en trouve fortement perturbée. Même si j'ai alors l'impression que le vent va m'arracher la tête et les yeux, il faut alors l'enlever !

*
* *

(Message envoyé à mes filles le quatorzième jour)

Coordonnées GPS :

Lat 87° 26′ 43″ N
Lon 135° 04′ 10″ E

Aujourd'hui, à de multiples reprises, j'ai regardé ma luge en me disant que ce serait mieux si elle était plus légère encore. Et puis je me suis dit que ce n'était pas ainsi qu'il fallait réagir, c'est à moi d'être plus costaud !

*
* *

Notre première tempête laisse en tout cas un arrière-goût de désolation, il faut en général deux jours avant que tout se stabilise à nouveau, avant de découvrir qu'en passant en furie la nature a dressé quelques pièges. Des nouvelles brèches d'eau sont apparues, fruits de la formidable collision entre les plaques chahutées ou déplacées par la violence des vents. Il va falloir à nouveau naviguer, ressortir les kayaks, les regonfler, et surtout y monter sans dommage. Dans un mélange de glace brisée recouverte de neige soufflée, s'approcher du bord tient de la performance, il faut enjamber délicatement le côté du kayak et se poser tant bien que mal à l'intérieur, en faisant le pari que la glace sera assez solide et, s'il faut d'un bond se retrouver dans le frêle esquif, faire en sorte qu'il ne se renverse pas.

Selon la célèbre loi des séries, voilà que d'autres désagréments inattendus se profilent, il commence à neiger… C'est normalement impossible tant il est censé faire froid. Or les températures ont encore une fois remonté. Il fait − 6 °C ! La poudreuse recouvre tout, la glace, l'eau, redoubler de prudence devient une évidence. Nos relais se font plus courts, nous ne marchons en tête pour faire la trace qu'une demi-heure, avant d'intervertir les rôles.

Puis le vent se lève, puis la neige tombe à l'horizontale, puis le vent cesse, puis la température remonte. Le yoyo météorologique transperce plus encore nos certitudes, fait dévier nos comportements.

C'est la danse des sous-vêtements qui suit les variations de température, pour enlever une des deux couches de sous-vêtements, c'est le grand jeu des fermetures Éclair pour supprimer tant bien que mal une épaisseur. Harnais, veste, salopette, caleçons longs, puis courts, ceux que l'on dézippe, ceux qui ont des élastiques, du Velcro, ceux que l'on défait comme une couche…

Nous avançons désormais avec la lampe frontale, la nuit est condamnée sinon à perpétuité, du moins à une longue peine. Elle ne s'échappera pas. Nous ne lui échapperons pas.

Pour couronner le tout, Børge va même tomber en avançant sur de la neige posée sur l'eau et qu'il avait prise pour de la glace, mais il a le bon réflexe et se jette en arrière pour éviter la chute fatale. Il faut tirer le frein à main. Et recommencer à sonder, ce n'est pas un bourbier dans lequel nous nous trouvons, c'est un champ de bataille qui bientôt pourrait compter ses victimes.

Nous ne sommes plus qu'à 2 degrés du pôle quand la température fait à nouveau du zèle. Elle remonte à – 5 °C, et transforme la neige en une soupe immonde : même la glace n'est pas assez froide pour conserver la neige en état, celle-ci devient molle, humide et collante, si les skis ne s'y enfoncent pas trop, les luges en revanche… Prises comme dans du ciment, ou dans une gangue de boue. Les déplacer tient des travaux d'Hercule.

*

* *

(Message envoyé à mes filles le vingtième jour)

Coordonnées GPS :

Lat 88° 13′ 24″ N
Lon 139° 22′ 09″ E

Aujourd'hui, lorsque nous avons fait un break pour « déjeuner ». Assis sur nos luges, nous avons bu, mangé, puis nous nous sommes relevés et avons recommencé à skier. Sans prononcer

un mot. Pendant que nous progressons, c'est comme si nous vivions désormais chacun dans notre bulle. Mais nous ne sommes pas là pour parler, nous sommes là pour skier !
Survivre est un étrange mode de vie que nous ne connaissons qu'à peine, mais nous sommes tous les deux dedans. Les mots se réduisent, les gestes sont les seules actions que nous avons à réaliser. Ainsi économise-t-on la bonne énergie. En même temps, la perception des choses change. Je ne cesse de regarder autour de moi, songeant aux dangers potentiels plutôt qu'à la beauté de l'endroit qui nous entoure.
Je ressens la moindre modification de température, de l'épaisseur de glace, la moindre variation du vent, je deviens un animal qui ne pense qu'à survivre. Mon esprit contrôle tout, parce que, au fil de mes expéditions, il est devenu plus fort, pas forcément plus positif mais en tout cas plus réaliste. Mon esprit connaît mes limites mais me propose en même temps de les dépasser. Parce qu'il sait par expérience que j'en suis capable.

*
* *

Nous sommes à 220 kilomètres ou à peine plus du pôle, notre premier objectif. Nous décrétons que nous vivons notre pire journée. Avec pour seule consolation que nous ne sommes pas loin du courant transpolaire arctique qui pourrait, s'il le veut bien, nous rapprocher du nord en accélérant la dérive des glaces. Avant de normalement bifurquer vers l'ouest. Il faut donc vite avancer si nous ne voulons pas nous retrouver aspirés malgré nous par un courant qui nous emmènerait là où nous n'avons nullement envie d'aller !

Ce soir-là, je déclarerai dans la tente que, contrairement à ce que certains pensent, nous n'avons pas qu'une seule vie, mais qu'au contraire, et si on le désire, on peut en connaître plusieurs. La seule chose que l'on ne rencontrera qu'une fois, c'est la mort, ultime moment où nous perdrons alors toutes nos vies vécues. En marchant dans la tourmente, en faisant front, en m'opposant aux forces qui nous provoquent, j'aime me croire un peu philosophe, c'est ici une manière comme une autre d'échapper aux diktats que nous inflige le climat désormais si particulier et hostile de ce bout du monde.

Il est si rare de sentir l'esprit qui a rompu ses chaînes, de savourer le silence qui permet la réflexion. Pas de coups de téléphone intempestifs, pas de mails, pas de distraction inopinée, mes explorations m'offrent le temps de penser sans interruption aux messages que me transmet la planète, de savourer malgré tout ce qui se déroule devant mes yeux.

Je suis conscient de me déplacer dans un luxe inouï, un cocon de bonheur qui ne peut s'acheter. Il faut le chercher, longtemps et, quand on l'a trouvé, il faut simplement le reconnaître. C'est le luxe de se retrouver à l'endroit où l'on désire être, quelles que soient les épreuves qui nous sont réservées.

Mes sens sont connectés, ma tête fait l'école buissonnière. Les difficultés qui s'accumulent m'offrent un plaisir indéniable, celui de réfléchir à la vie que j'ai choisi de vivre, et de me dire que je ne me suis pas trompé.

Il fait presque trop chaud, la nuit est de plus en plus longue, la tempête est passée, nous craignons juste que le courant nous emmène vers l'ouest, car nous recommençons à reculer.

Ne pas perdre espoir, accepter qu'il existe des choses que nous ne pouvons changer, refuser de se laisser aller tout en acceptant de lâcher prise, réagir énergiquement, s'activer.

Sans oublier, le soir, de manger. J'ai l'impression d'avoir redescendu quelques marches de ma pyramide des besoins. Le porc, le bœuf, le kebab, les pâtes viennent me soutenir et me réjouir plus encore…

Les estomacs remplis arasent les frustrations de l'homme qui avance moins vite qu'il ne l'espère.

Les 88 degrés nord sont dépassés, en trois jours, lampes frontales désormais toujours allumées, nous enchaînons alors avec une belle journée où nous avançons de 23 kilomètres. Une étrange notion que celle de « journée » alors que nous sommes privés de lumière par l'hiver arctique, plutôt une construction mentale pour se fixer un cadre, un temps pour avancer, un temps pour se restaurer, un temps pour se reposer.

Ce n'est pas que l'angoisse diminue, mais dans nos prévisions nous nous étions donné entre dix-huit et vingt-cinq jours au maximum pour atteindre le pôle, cela fait très exactement trois semaines que nous bataillons et nous ne sommes pas encore arrivés.

Il fait encore et toujours trop chaud !

Il est temps de nous séparer du superflu, nous sommes encore lourds, nous avons sans doute emporté trop de matériel eu égard aux options que nous aurions pu rencontrer. L'heure est au light !

Couper, couper, maintenant pour ne pas accuser de retard supplémentaire.

Alors nous y allons à la hache. Le grand radeau emporté au cas où mais qui n'a pas servi, sept kilos gagnés ; le dispositif anti-ours de Børge, même s'il est contre, le deuxième sac de couchage seraient aussi quelques kilos de moins… Et puis, je ne sais pourquoi, nous hésitons et choisissons d'attendre encore un peu.

La glace redevient solide, vieille, rassurante, comme on l'aime, comme en 2006, nous enchaînons les bonnes journées, les températures redescendent enfin, vers – 18, – 20 °C, le pôle se rapproche, la glisse varie, parfois les luges semblent avoir du mal à se laisser tracter sur une neige comme du papier de verre, mais nous progressons toujours.

*

* *

(Message envoyé à mes filles le vingt-sixième jour)

Coordonnées GPS :

Lat 88° 54′ 10″ N
Lon 152° 37′ 24″ E

Hier nous sommes enfin parvenus au dernier degré, le degré magique. 89° nord. Je ne sais pourquoi me reviennent en mémoire des souvenirs familiaux. En 2007, je vous avais emmenées votre mère et vous jusqu'au pôle. Vous deviez avoir 14 et 12 ans, vous étiez devenues les plus jeunes à avoir atteint le pôle. Lorsque nous y étions arrivés, une

tempête énorme s'était abattue sur nous et nous avions dû rester trois jours enfermés dans notre tente avant qu'un hélicoptère russe ne vienne nous chercher…
Ce souvenir est l'un des plus forts que je garde en mémoire. Tous ensemble, en famille, dans la tente, l'impression d'être seuls au monde, sans grand besoin, avec un jeu de cartes pour passer le temps, et vos questions et vous deux, vous me pressiez pour que je vous raconte mes précédentes expéditions et ma jeunesse en Afrique du Sud… Douze ans plus tard, je suis dans une tente avec Børge, et les souvenirs heureux affluent, malgré la dérive et les jours perdus…
La vie de toute façon se construit aussi sur les souvenirs, car, sans souvenirs, la vie n'existe pas. Il faut s'en créer, pour pouvoir y repenser lorsque le temps aura fait son œuvre, lorsque l'âge sera venu. Mais en attendant, la vie c'est ce qui se déroule à l'instant présent, pas demain parce que, demain, il sera peut-être trop tard.

*
* *

Au vingt-cinquième jour en effet, le bonheur devrait se lire sur nos visages, nous entrons dans le dernier degré, nous ne sommes plus qu'à 111 kilomètres du pôle…

Un vent doucereux qui ne dit rien qui vaille se lève, la confiance s'envole comme un oiseau triste qui s'éloigne à regret.

Le lendemain, nous avons à nouveau reculé de 25 kilomètres. Le vent a forci, résidu d'une tempête venue du nord qui n'aurait pas dû passer par là. Habituellement, elles sont toujours plus au sud, là, désormais, elles parviennent à étendre leurs méfaits jusqu'au pôle.

Le vent est trop fort, la glace cassée, fracassée, nous n'avons d'autre choix que de passer la journée sous la tente.

Au chaud dans nos sacs de couchage, on mange normalement, on répare nos vêtements, parce qu'il y a toujours un fil à couper, un trou à stopper, une chaussette à repriser, on vérifie notre petit matériel…

Moralement c'est une journée qui nous lamine, nous sommes revenus au 88e degré.

Le lendemain, la tempête est passée. Lorsque nous sortons de la tente, il pleut…

Du jamais-vu sous ces latitudes !

– 7 –

Le moindre détail peut être fatal

« Même si rien dans la vie n'est simple,
pour parvenir au résultat escompté,
il faut toujours creuser au fond de soi-même
pour trouver les ressources nécessaires.
Il faut aussi sortir de sa zone de confort,
pour rendre possible l'impossible. »

Cela n'en finira donc jamais. Le dernier degré, le seul qui nous restait à franchir, s'est dédoublé. Les 111 kilomètres sont devenus 222. Tout est à refaire. Et la pluie qui nous contraint encore une fois à une immobilité de forcenés. Nous ne l'avions pas anticipée, c'était là notre erreur. Nous n'étions pas préparés à ça, pris au dépourvu presque comme des débutants. Tout savoir anticiper, nous le savons pourtant, nous évite de perdre du temps lorsqu'un problème survient, puisque la solution a été pensée en amont. Quand, au bout de quelques heures la pluie s'arrête enfin, l'air est si saturé d'humidité qu'elle pénètre immédiatement nos vêtements quand nous sortons. Nous payons doublement notre imprévoyance… Dans l'instant, l'eau se transforme en glace, c'est toujours mieux que d'être humide. Nous devenons deux blocs de glace qui avancent, deux blocs de glace face au vent qui tractent plus que le poids du monde.

Je ne distingue pas grand-chose. Cela fait bientôt un mois que nous nous coltinons le nord et ses traquenards. Sans aucun répit, sans aucun repos. Le sommet de la Terre n'est pas le havre d'accueil d'une nuit sans fin, il n'est qu'un passage obligé pour deux hommes qui savent bien ce que signifie le mot « souffrance »…

Même quand il estime que tout va bien physiquement, l'explorateur doit rester conscient qu'il n'est jamais à l'abri d'un coup du sort. Il faut ménager le matériel, mais aussi celui qui le porte… Alors qu'un matin nous nous arrêtons pour une pause classique à base de rondelles de chocolat, j'en prends quelques-unes que, comme d'habitude, nous avions glissées dans un sachet. L'effet chocolat est à double détente : c'est à la fois l'aliment qui raffermit la foi du guerrier affamé et le doudou sucré qui fait resurgir le souvenir des enfances dont on ne garde que les minutes heureuses. Nous suçons les petits morceaux pour les ramollir avant de pouvoir mordre dedans. Mais au moment où je croque, je ressens une désagréable impression. Fragilisée sans doute par le froid galopant, l'une de mes dents se brise. Je ne suis pas surpris, ce n'est pas la première fois que cela m'arrive, une noix rebelle avait déjà fait céder une consœur il y a bien longtemps. À l'époque – c'était en 2006, lors de notre première expédition au pôle Nord –, parce qu'une douleur dentaire peut rendre l'existence insoutenable et parce qu'elle s'était joliment déchaussée, je l'avais remise à sa place après l'avoir badigeonnée de Super Glue. La réparation avait été efficace. De retour au pays, j'étais allé consulter. Quand j'avais conté la péripétie à mon dentiste, celui-ci avait sursauté : « Tu ne te rends pas compte, ces colles sont remplies de toxines, elles auraient pu te bousiller un nerf... »

Me revoilà face à un problème identique, à la différence que la dent du jour ne s'est pas brisée selon les règles. Elle s'est éparpillée dans ma bouche. À part recracher les éclats, je ne peux pas faire grand-chose. Morte au champ d'honneur, la molaire !

Parmi les nombreux médicaments, onguents et matériaux divers qui gonflent notre trousse de secours, je sais que nous disposons heureusement d'une sorte de ciment qui prend très vite. Ce soir, il suffira de le réchauffer un peu, et que Børge m'aide à le déverser dans la cavité qui, il y a quelques minutes encore, enchâssait ma dent. Boucher le trou est une opération indispensable pour éviter que le froid ne s'infiltre, qu'il saisisse en traître la gencive, puis la mâchoire, et peut-être tout le reste. Au moment où ce léger désagrément se produit, et parce que la douleur diminue lentement, je n'en informe pas Børge, je fais comme si de rien n'était, pour ne pas l'inquiéter, pour ne pas nous arrêter plus longtemps au moment où nous refaisons lentement notre retard. Nous repartons donc après la courte et fatale pause chocolat.

En revanche, le soir dans la tente, je lui demande si nous avons toujours de ce petit ciment qui colmate les inquiétudes et les dégâts.

« Bien sûr, mais que t'arrive-t-il ? »

Je lui explique.

Børge se métamorphose alors en dentiste de l'extrême, la lampe frontale dans sa bouche pour éclairer la mienne, de ses gros doigts à moitié gelés il dépose un peu de la mixture sur ma gencive et appuie fortement une fois celle-ci logée dans la cavité. Le collage a l'air de fonctionner. Entre Børge et moi, un lien de plus vient de se tisser. Je nous imagine déjà, ressassant nos aventures aux vieux jours : « Tu te souviens, en montant au pôle, quand j'ai réparé ta dent ? »

À charge de revanche, mon vieux ! Celle-ci ne se fait pas attendre. Quelques jours plus tard, Børge qui, lorsque nous dormons, enfouit dans ses oreilles des bouchons pour ne pas entendre mes ronflements de grognard, en coince un trop profondément. En essayant de le récupérer, au lieu de le retirer, il l'enfonce plus encore dans son conduit auditif. Tellement que je l'entends pester : « Putain, je n'entends plus rien ! Je ne peux pas l'attraper, je ne vais pas pouvoir continuer. » Ne plus compter que sur une seule oreille ne gênerait pas seulement l'audition, mais pourrait générer aussi des troubles de l'équilibre pour le moins malvenus…

Je lui dois bien ça, c'est à moi de m'improviser médecin.

Je ne dirais pas que nous avions tout prévu, car dans ce genre d'épopée extrême, quand le moindre souci, la moindre douleur peuvent prendre des proportions inhabituelles, c'est impossible, mais nous avions comme toujours emporté dans notre nécessaire de secours une pince à épiler, outil minuscule mais incontournable dont il existe un grand nombre de variétés. Nous avions hésité entre une aux extrémités plates et une autre aux pointes très acérées. C'est celle-ci que nous avions choisie, et je m'en réjouis. À mon tour de jouer les sauveurs, je deviens ORL et introduis délicatement la pince effilée dans l'oreille tout en craignant de percer le tympan. Mes gestes ne sont pas ceux d'un expert, mais ma main reste sûre, je progresse prudemment. Børge est couché, ma frontale a beau éclairer le champ opératoire, je n'y vois rien.

« Børge, dis-moi quand tu sens que je touche le bouchon… »

Je prends toutes les précautions possibles, mais malgré moi, je pousse plus profondément encore le petit cylindre de mousse jusqu'à ce que les deux bouts de ma pince parviennent enfin à le saisir. Je commence à tirer, le bouchon se délite, il n'en vient qu'une partie. Je réitère l'exercice.

« Aïe, aïe, ça fait mal !

— Ne te fous pas de ma gueule, Børge, dehors il fait − 40 °C et tu hurles parce que je te chatouille l'oreille ! »

Après de redoutables efforts, je parviens à enlever tout ce qui troublait l'audition de mon ami. Lorsque j'extirpe enfin le troisième et dernier lambeau de bouchon, Børge s'en saisit et le dépose dans sa trousse de toilette.

« C'est pour me rappeler combien l'homme est fragile. »

Une simple dent qui se casse, un petit bouchon trop enfoncé, deux micro-événements à l'échelle du monde mais qui auraient pu stopper net notre expédition. Nous ne sommes décidément pas grand-chose.

Le lendemain soir, Børge prélèvera sur son petit matelas de mousse, celui que l'on glisse sous notre matelas gonflable, deux petits morceaux en forme de cône qu'il pliera et se mettra dans les oreilles. Hors de toute proportion, certes, mais désormais sans danger.

Ce ne sont que deux exemples, mais il y en a tant d'autres qui chaque fois nous rappellent que le moindre détail ne doit jamais être négligé. Une cloque ou une ampoule au pied, un faux pli dans une chaussette, un laçage un peu lâche ou au contraire trop serré, des pieds mouillés qui commencent à geler. Il faut tout *checker*, chaque jour. Regarder, toucher aussi, car avec l'adrénaline, et notre endurance au mal, le corps ne ressent pas forcément tout. Un soir je serai ainsi obligé de prendre une mèche pour percer un œdème au gros orteil. Il avait gelé, triplé de volume, je ne sentais plus rien. J'ai creusé la peau sous l'ongle, puis ai aspiré avec une petite seringue le pus qui s'était amoncelé. Psychologiquement, ne plus ressentir la lancinante menace me fera un bien fou…

Sinon, rien de nouveau sur la banquise. Le reste ressemble à ce que nous connaissons : les variations de température qui jouent un yoyo dévastateur, frôlant le positif, s'approchant des – 30 °C, celles de la qualité de la neige qui, près du pôle, est plus croûte que poudre et empêche nos luges de bien glisser, les solutions qu'il nous faut sans cesse envisager, puis rejeter. Mettre par exemple les deux traîneaux l'un sur l'autre, puis abandonner l'idée parce que l'ensemble se révèle trop lourd et trop instable.

Sans oublier cette dérive infernale qui n'a jamais cessé et hante nos heures de repos puisque, même sans bouger, nous reculons… La mythologie avait ses supplices, l'époque moderne en a conservé quelques-uns, ils rendent au moins aussi fous. Le pôle Nord ne serait-il qu'un mirage qui se déplace au même rythme que nous ?

Progresser demande donc des efforts effarants, nous sommes deux tracteurs qui avancent au ralenti, labourent un champ dont la superficie augmente au fil des heures, en ignorant là où il s'arrête, et ce qu'il reste dans leurs réservoirs. Nous nous débarrassons bien de quelques objets en les faisant brûler comme si on envoyait des signaux de fumée pour demander au ciel d'intercéder en notre faveur. Les sacs de couchage légers finissent ainsi par passer à leur tour au bûcher ; ce ne sont que quelques centaines de grammes en moins, mais leur seule disparition suffit à alléger notre moral.

Je remonte presque malgré moi au sommet de ma fameuse pyramide. Mange, bois, dors et marche, même si tu recules, ne t'arrête pas… Les autres fonctions n'ont de toute façon plus vraiment cours. Je ne me lave jamais, à part les dents deux fois par jour pour des questions d'hygiène et parce que notre alimentation à base de chocolat et d'huile nous impose la plus grande attention ; sinon aucune activité superflue, hormis lorsqu'il faut entreprendre le nettoyage des sous-vêtements. Un mélange de transpiration, de squames, de graisse même, les imbibe parfois au fur et à mesure que nous perdons du poids. Nous enlevons alors les sédiments en les frottant avec de la glace, puis retournons caleçons et tricots pour les porter à l'envers. Avant de recommencer quelques semaines plus tard.

Les efforts que nous avons fournis depuis le départ nous jouent de bien méchants tours au fil des jours, j'ai en effet perdu le peu de gras que j'avais emmagasiné avant le départ, je n'ai plus que la peau sur les os, parsemée de quelques muscles qui font tant bien que mal de la résistance. Le froid en profite pour nous mitrailler de ses épingles glacées. Comme nous ne sommes pas égaux face à ses variations, Børge réagit en ajoutant ou en ôtant une strate de tissu. Au maximum, nous portons trois couches de sous-vêtements en laine non traitée, dont le grammage varie en fonction de l'épaisseur. Nous avons du cent cinquante grammes, du deux cents grammes et du deux cent cinquante grammes. Plus le chiffre est élevé, plus l'étoffe est dense, plus elle est chaude. De mon côté, plutôt que d'additionner ou de soustraire, je préfère moduler la fréquence de mes mouvements. Mon mode de fonctionnement est assez basique, je ne suis pas un radiateur électrique : quand je m'arrête, le froid m'attaque crûment, alors j'avance en allant plus ou moins vite afin de réguler ma température intérieure.

Le soir venu, malgré la fatigue et comme une dernière punition, je me force encore à faire quelques photos, à les envoyer aux filles, à leur faire un petit résumé en minimisant nos déboires pour ne pas trop les inquiéter. « Désolé, pas grand-chose à raconter ce soir, à part que nous sommes à 58 kilomètres du pôle. Il fait sombre et ce n'est pas facile de faire des photos. En voici une, mauvaise, du soleil qui s'est déjà perdu bien au sud de l'équateur. »

À chacun sa tâche : Børge de son côté, après avoir fait fondre la glace, cherche à en savoir plus sur les prévisions du temps qui nous attend en communiquant avec un ami norvégien, scientifique et expert de l'analyse météo. Les messages qu'il reçoit ne sont pas des plus encourageants. Quand les nouvelles ne sont pas bonnes, je préférerais ne pas en recevoir !

Et toujours, lancinante, cette impression de vivre dans une noirceur de catacombes. Cela fait trente et un jours que nous sommes partis, et face à cette nuit désormais sans fin, nos lampes frontales sont devenues le prolongement de nos corps, de notre regard. Nous ne savons plus ce qu'est la lumière naturelle. Ou plutôt il a fallu me réhabituer, j'avais déjà rencontré ces conditions en 2006… Alors, en désespoir de cause, nous avançons, nous reculons, nous ébauchons des stratégies, nous calculons ce qu'il nous reste de fuel – bonne nouvelle ! « Grâce » à ce satané réchauffement climatique qui nous a permis d'en brûler un peu moins, il nous en reste plus que prévu.

Le moindre détail devient le terreau de nos joies ou de nos craintes. La vieille glace, plus solide et épaisse que celle de l'année, nous fait de l'œil, les traces d'ours, elles, se multiplient… Nous sommes étonnés : au plus près du pôle, ce ne sont en général que de vieux mâles perdus qui montent en solitaires vers une fin morose et discrète, les empreintes que nous distinguons sont pourtant celles de mâles plus jeunes, contraints de suivre les phoques qui, eux aussi se sont repliés vers le nord… Ils sont là pour chasser, pour trouver de quoi vivre. Plus bas, il y a trop d'eau, et le gibier sait comment échapper à ses prédateurs à fourrure. Encore une manifestation de ce damné réchauffement !

Je sais bien, car c'est une des composantes de chacune de mes aventures, qu'entre ce que j'avais envisagé, estimé, voire fantasmé, et la réalité face à laquelle je me trouve, le fossé n'a jamais la même profondeur ni la même largeur. L'homme qui se coltine les épreuves que lui envoie la nature d'abord fatigue, s'interroge, subit des coups de marteau physiques autant que mentaux mais, là encore, j'ai toujours été capable de creuser en moi-même pour trouver de quoi boucher les trous, même les plus gros. J'ai conscience depuis très longtemps qu'une expédition n'est pas une visite de musée, c'est un parcours sans guide vers des difficultés dont nul ne peut mesurer l'intensité ou la fréquence. Et ce n'est pas si mal !

Les brèches à franchir deviennent ainsi si larges qu'on ne parvient pas à distinguer l'autre côté. Et la dérive continue d'éroder nos convictions en bridant notre progression. Nous déplorons cette politique du petit pas en avant et du petit pas en arrière, mais nous ne pouvons rien y faire…

Et puis, dans un sursaut que nous envieraient bien des acharnés, nous atteignons le pôle après trente-six jours de galère.

*

* *

(Message envoyé à mes filles le trente-sixième jour)

Coordonnées GPS :

Lat 89° 58′ 17″ N
Lon 62° 33′ 10″ E

Quelle émotion d'arriver enfin au pôle après onze jours passés à effacer le dernier degré. Il faisait nuit, froid et la neige tombait en abondance lorsque nous avons installé notre

tente. Puis nous avons constaté que la dérive nous emmenait vers le sud. La meilleure des directions car à partir de maintenant, il nous faut redescendre vers la civilisation. Même si rien dans la vie n'est simple, pour parvenir au résultat escompté, il faut toujours creuser au fond de soi-même pour trouver les ressources nécessaires. Il faut aussi sortir de sa zone de confort, pour rendre possible l'impossible. Et le seul être capable alors de s'en rendre compte, c'est vous, et personne d'autre.
Ce soir, nous sommes deux hommes abrutis de fatigue, mais deux hommes heureux d'avoir accompli la première partie de leur grand projet.
Seul ce que l'on expérimente et ce que l'on réalise donne une valeur supplémentaire à nos vies.

*
* *

Nous aurons donc eu besoin de onze jours pour effacer les 111 kilomètres du dernier degré… Et cinq semaines au lieu de trois pour atteindre notre premier objectif.

Avant d'y parvenir, il nous aura fallu établir un ultime campement, accepter de reculer encore un peu pendant nos quelques heures de repos. Puis repartir en conquérants fatigués. Le lendemain, vers dix-huit heures, Børge me laisse passer devant pour que je sois le premier à l'endroit tant désiré, tandis qu'il consulte son GPS pour vérifier que nous y sommes bien. Perturbé par le nord géographique, celui-ci se perd un peu et se met à battre la chamade. Là-haut, degrés et coordonnées se bousculent comme à l'ouverture des soldes…

Le pôle croyait peut-être qu'il pourrait refuser nos avances, mais nous avons fait plus d'efforts que lui, nous avons le sentiment de mériter ce qui nous arrive. Nous avons d'abord brandi deux drapeaux, mais sans les enfoncer dans le sol gelé : ce n'est pas un aboutissement, ce n'est que la première partie de notre parcours. Maintenant débute l'expédition qui doit nous ramener à la maison… La dernière étape de notre construction mentale en trois temps. Monter jusqu'à Nome, notre point de départ, puis atteindre le pôle, c'est acquis.

Il nous faut désormais retourner à ce que nous appelons communément la civilisation…

La perspective de ce retour vient perturber le bonheur d'être au point le plus nord du monde. Au-dessus de nous, il n'y a plus rien. Comme deux junkies chez qui les effets de la drogue s'estompent, il nous faut pourtant redescendre. J'en ai envie, et je le redoute en même temps. Les féroces efforts consentis par Børge et moi ont été si incroyables, si intenses, si beaux même par cette capacité que nous avons eue ensemble à ne jamais abandonner, que je voudrais encore une fois que l'horloge du temps stoppe sa course folle. J'aimerais simplement savourer l'immense plaisir d'être parvenus à ce que nous nous étions fixé. La réalité est bien différente, fondamentalement, nous n'avons rien à faire ici et nous devrons quitter ce lieu assez vite. Alors que je n'en ai nulle envie.

En attendant, mon imagination galope au milieu de ce désert sidérant. Nous sommes au sommet d'une boule, la Terre. En dessous de nous, il n'y a désormais que du sud, mais partout ailleurs, l'est et l'ouest se poussent du col et se partagent le terrain. Le GPS peine à nous dire vraiment où nous nous trouvons, jusqu'au moment où s'inscrivent les deux chiffres, un 9 et un 0, qui certifient que nous sommes au bon endroit.

Que je fasse quelques pas d'un côté et je me retrouve sur un autre fuseau horaire que Børge ! Parce que le monde dans lequel nous vivons tourne autour de cet axe qui traverse les deux pôles. Parce que, ici, tout commence. Ou tout finit.

Il fait évidemment une nuit d'encre. Nous ne voyons rien, nous n'espérions pas mieux. Juste une impression fugitive, celle d'être arrivés là où nous souhaitions. Ceux qui ont marché sur la Lune sont plus nombreux que ceux qui sont venus jusqu'ici !

Normalement nous aurions dû repartir, marcher encore quelques heures, mais symboliquement, nous plantons notre tente, l'occasion est trop belle !

Børge me confie que ce dernier degré a sans doute été le plus dur qu'il ait jamais fait… J'ignore de mon côté si je viens de vivre les jours les plus courts de mon existence, ou les plus longs. Parfois une heure m'a semblé durer dix minutes, parfois elle m'a paru plus élastique que les vieux ressorts d'un moral distendu…

Une fois à l'intérieur, nous nous laissons convaincre que la chance a tourné, que, si nous sommes là, c'est que nous sommes sur la bonne voie, que tout se déroulera désormais comme prévu. Je sors une petite bouteille d'armagnac que m'avait fait parvenir Kathleen et un gâteau, « mon » gâteau que j'avais emporté pour l'occasion. C'est un cake aux fruits imbibé d'alcool et à haut potentiel calorique créé par Philippe Rochat, un ami chef étoilé qui lui a donné mon nom. Ce n'est rien sans doute, mais c'est aussi énorme par rapport à ce que nous venons d'accomplir. L'émotion de l'instant gagne nos corps fatigués, les douleurs disparaissent, nos esprits s'échappent vers de vastes étendues luxuriantes, vers des parcelles de bonheur que nous savons pourtant fugaces.

Nous partageons le cake et la flasque d'eau-de-vie – quel joli nom ! –, le sucre et l'alcool déclenchent une forme de liesse que nous nous évertuons à entretenir pendant quelques instants. Nous sommes rapidement ivres, deux lumières qui vacillent dans un désert de bouleversements contradictoires.

Et puis parce qu'il n'est de fête qui se termine, le silence retombe, chacun se met à réfléchir, à recalculer. Si jamais nous rencontrons les mêmes conditions que lors de la montée, nous savons pertinemment que nous n'aurons jamais assez de nourriture.

Survivre au pire renforce la confiance en notre projet, être là le revivifie plus sûrement qu'un coup de fouet… J'ai toujours prétendu que l'adversité ne se dévoilait que pour mieux jauger notre capacité à la résilience. Tout n'est jamais rose dans une vie, mais c'est aussi lorsqu'elle se fait mordante, dangereuse, menaçante que la réaction doit être immédiate. J'ai appris ainsi au fil des ans à réagir aux difficultés qui se présentaient à moi. L'ai-je toujours bien fait ? Je n'en suis pas si sûr. Mais j'ai toujours préféré regarder les choses en face plutôt que de fermer les yeux… Qu'un événement imprévu, et échappant fatalement à tout contrôle, se produise, et il est plausible pour tout un chacun de perdre les pédales et de se laisser entraîner dans une chute irréversible.

La dérive, le froid, le vent, les ennuis ne sont là que pour m'aider à rebondir et à aller de l'avant. Jamais je n'oserais imaginer que tout s'écroule devant moi, jamais je ne me laisserais abattre en pensant qu'une fois que je toucherais le fond, je saurais donner le coup de pied nécessaire pour remonter.

Croyez-moi, le fond n'existe pas, il n'est qu'une image…

C'est avant de se laisser tomber qu'il faut réagir, et apprendre à se battre malgré des circonstances traumatisantes.

Je ne me suis jamais défini par rapport aux succès que j'ai remportés au cours de mon existence, mais plutôt par ma capacité à faire face. Parce que le contraire suffit à broyer notre mental. Il faut affronter les épreuves plutôt que de se détourner ou de déclarer forfait. Baisser les bras n'est pas une réponse, au contraire, c'est une façon de refuser le combat, de se mentir à soi-même, de se mésestimer. Et de finir affaibli voire, et c'est presque pire car le mental primera toujours sur le physique, démoralisé…

Je peux vous dire que ce n'est pas mon genre !

Bien sûr, nous avons encore des doutes sur ce qui nous attend, sur la glace, sur le vent, sur la dérive, sur le temps qu'il nous faudra pour redescendre à 82 degrés, là où nous sommes attendus, sur ce qu'il nous reste à manger. Nous supputons pour les uns, additionnons pour les autres, divisons pour la nourriture. Nos réserves nous obligent à de savants calculs, si nous progressons d'un degré tous les six jours, et que nous en avons huit à atteindre, cela fait quarante-huit jours de nourriture. Il nous reste quarante-neuf rations quotidiennes. Le domaine du possible n'est pas aussi vaste que les étendues désertiques qui nous attendent.

Il ne faut pas traîner. Pas question de s'attarder sous la tente, cinq heures de repos nous suffiront. Avant de repartir, nous prenons le temps de mesurer l'épaisseur de la banquise nouvelle, celle qui s'est formée ces dernières semaines, avec une vis à glace qui fait une trentaine de centimètres. La jeune couche, celle de l'année, doit atteindre 8 centimètres. En 2006, elle dépassait 2 mètres. L'indication, une de plus, n'est pas très rassurante sur l'état de santé de notre planète.

Le pôle nous appelait, il ne nous retient plus. Il est un monde à part, différent de son homologue d'en bas. Celui-là repose sur la terre, on y trouve des bases internationales, des bâtiments, des êtres humains, celui-ci nous éloigne de l'humanité, il n'est pas un territoire pour nous. Il n'est que le royaume des ours, des glaces, des vents, des tempêtes et des désillusions.

Nous sommes contents de l'avoir atteint, d'y être passés, nous sommes heureux de le quitter sans nous retourner. D'autant que le GPS, très vite, nous confirme la nouvelle : la dérive nous emmène vers le sud, vers les nôtres, vers une autre vie. L'enfer serait-il derrière nous ?

Les espoirs n'engagent que ceux qui leur donnent du crédit.

Il nous faut en tout cas faire attention, à la fatigue, au manque de concentration, à la tentation de penser que tout va redevenir plus facile. Nous allons pourtant devoir couvrir plus de distance, dormir moins alors que nous portons les stigmates de notre ascension, nous arrêter moins longtemps, tout donner. Dans ma tête remonte cette technique que j'ai déjà utilisée lorsque le besoin s'en faisait sentir, une manière de compresser le temps qui nous est imparti. Parce que les ténèbres qui nous accompagnent gomment la barrière entre la nuit et le jour, nous pouvons faire des journées de trente heures. Alternant marche en avant et temps de repos, tous les quatre jours, ce serait comme si nous en avions vécu cinq.

C'est aussi une manière de briser les routines et d'instaurer une autre discipline. J'en suis toujours partisan. La motivation, toujours nécessaire, pousse évidemment à l'action, mais elle ne suffit pas pour accéder à la réussite, elle ne se bonifie qu'accompagnée par la rigueur d'une routine, cet ensemble d'impératifs mis en place pour parvenir au but recherché. L'action est alors dictée par l'obligation de réussir, jamais par le plaisir que l'on pourrait ressentir…

Je ne suis jamais motivé à l'idée de sortir de ma tente lorsque les températures sont au trente-sixième dessous, mais je suis un homme discipliné : j'ai une envie folle de finir cette traversée, malgré les embûches et les chausse-trapes. Ce n'est que la discipline mise sur pied qui va me forcer à sortir de mon abri, ce n'est que la discipline acceptée qui va me faire courber l'échine et maugréer devant ces journées de trente heures ! Les règles mises en place, si elles sont scrupuleusement respectées, éviteront que je me pose de mauvaises questions, et me permettront de garder une forme de rythme. J'irai même plus loin, l'instauration d'une discipline stricte mais juste me fera voir les choses différemment et probablement apprécier certaines choses que je n'aurais sinon jamais acceptées. Qui serait prêt à vivre des journées de trente heures ? Personne. Et pourtant, Børge et moi sommes d'accord pour vivre ainsi… Enfin, vivre paraît un mot peut-être un peu fort, ou trop positif.

– 8 –

Impossible retour à la civilisation

« Vers le quarante-cinquième jour, le vent se replie dans une direction qui ne nous convient pas, la dérive s'inverse un peu, nous repartons malgré nous vers un nord-nord-ouest de plus en plus déplaisant. Nous remontons vers le pôle, ou vers le Groenland, ce qui n'est pas mieux. »

De la bonne glace, solide, épaisse, rassurante nous attend un peu plus bas, pour l'heure, elle se révèle plutôt fine. En revanche, une dérive encourageante nous tend les bras. Deux hommes fatigués se croient régénérés, ils estiment que tout devrait aller plus vite. Nous savons bien que plus bas encore nous rencontrerons des difficultés, de la glace à la fragilité de cristal, de l'eau ouverte, de la houle parfois qui viendra raboter la banquise et la fragiliser mais, en même temps, nous allons nous alléger encore, redevenir plus agiles et libres de nos mouvements. « Maintenant, oui, c'est sûr, nous rentrons à la maison. »

Mais les ennuis ne tardent pas à se manifester. Nous les pensions envolés, ils n'étaient que camouflés par l'aveuglement de notre enthousiasme renaissant. Le vent et surtout la neige se réinvitent dans la partie, un soir que nous nous reposons. En masse, une lourde pellicule de neige s'abat sur la tente, menaçant de la faire s'écrouler. Tel un mur acoustique, elle masque aussi les sons qui proviennent de l'extérieur. Une fois recouverte, la toile ne réagit plus, ne claque pas sous le vent, elle insonorise, enferme, calfeutre en supprimant les bruits du dehors. Nous n'entendons plus rien, perdons la connexion qui nous rattache à la vie du dehors. La tente devient la cellule capitonnée de notre folie.

Nous refusons la camisole, déterminés à repartir. Lorsque nous sortons, le silence est d'un blanc presque virginal ; il faut creuser à la pelle pour pouvoir s'extirper de notre abri, puis nettoyer la tente, la plier, l'empaqueter, la charger sur la luge.

Nous partons, ou nous repartons, je ne sais plus, si ce n'est que nous accompagne cet étrange sentiment que quelque chose de nouveau a dû débuter. Et qu'en même temps rien ne change, accrocher la luge à mon harnais reste le même geste que la veille, que l'avant-veille ou que le jour d'avant. La vie n'est que répétition, seul l'imaginaire s'habille en prestidigitateur, sans baguette ni chapeau : il nous fait juste croire que tout sera différent alors qu'il n'en est rien. Pour l'instant la glace n'est pas très épaisse, à certains endroits elle est même simplement posée sur l'eau. Børge, une nouvelle fois, est victime de la perfidie des éléments. Comme si nous vivions un jour sans fin. Il se rend compte de sa méprise lorsqu'il passe encore un ski à travers la pellicule gelée. S'il ne s'était pas jeté en arrière, cela aurait été un désastre mais, d'un bond, il se rétablit, parvient à se hisser sur la luge. Je ne suis pas loin de lui mais ne peux me porter à son secours, la glace est trop faible. Je vois Børge rouler sur lui-même pour se retrouver sur une zone plus solide.

Il est trempé, mais le froid change l'eau en glace, il suffit de l'enlever.

Mon partenaire en sera quitte pour une bonne suée rétrospective. Lentement, nous reprenons notre souffle, ralentissons notre rythme cardiaque. Entre nous, nous ne discutons pas des erreurs qui n'en sont pas vraiment, on sait que cela peut arriver. Juste faire attention, ne pas baisser la garde dans la pseudo-euphorie qui nous a gagnés malgré nous une fois le pôle atteint. Nous sommes debout dans un autre champ de mines.

Le temps que Børge retrouve ses esprits, je marche en tête. Il nous faut avancer, toujours. Au bout de deux jours, nous avons parcouru un demi-degré, soit quatre jours pour franchir un degré si les conditions se maintiennent. Ne serions-nous pas en train de rattraper le temps perdu ? Il fait − 18, − 20 °C, la glace se solidifie, les conditions ressemblent à ce que nous espérions, nous skions alors une journée entière sans rencontrer d'eau, tandis qu'une dérive favorable continue d'accompagner notre tempo. Et cela continue encore quelques jours, nous laissons derrière nous le premier degré. Nous défrichons notre terrain de jeu calmement, sereinement presque, sans aucun frein, la neige est avec nous, nous n'avons pas entamé nos réserves de nourriture…

N'avançons pas plus vite, avançons plus sûrement.

Et puis, parce que les contrariétés se répètent, de nouvelles brèches d'eau apparaissent soudain, gigantesques, si larges que la longueur de nos cordages attachés les uns aux autres ne suffit plus pour faire comme lors de la montée. Le premier qui part en tirant les deux luges, le second qui attend qu'il soit arrivé de l'autre côté avant de traverser à son tour. Il est temps de trouver un autre moyen. Nous n'en voyons qu'un seul. Le premier ramera, tout en tractant les deux luges, le second, lui aussi sur son kayak, le suivra pour pouvoir pousser les traîneaux et faciliter leur passage lorsque des morceaux de glace entraveront la progression du convoi. Parfois des îles flottantes, monceaux de glace qui se sont désolidarisés des grandes plaques de banquise, nous autorisent un arrêt. Nous y montons avec le matériel, puis repartons. Certaines brèches ne sont pas loin de faire un demi-kilomètre de large. Les efforts déployés sont énormes, mais pas inconsidérés. Quoique, dans une petite pirogue gonflable, de nuit…

Au cours de l'une de ces traversées, le vent se met soudain à forcir par le travers, il devient impossible d'aller droit, impossible de diriger les deux luges, il y a trop de prise au vent, la corde se glisse même sous la glace que je viens de briser. Pour Børge qui essaie de pousser les traîneaux pour m'aider, le risque de chavirer est loin d'être négligeable. Pour moi aussi d'ailleurs. À 300 mètres de la rive, je ne donne pas cher de ma peau, pas plus que de celle de mon partenaire.

Nous ne distinguons même plus les lumières de nos frontales, je n'ose imaginer que les luges se renversent ou que l'un d'entre nous tombe dans l'eau glacée. J'arrive au bout de la brèche en ramant comme un fou. Je suis trempé, sueur et eau salée mélangées, je pose le pied sur la glace et sens que la corde ne répond plus, impossible de la tirer. Les luges doivent être bloquées. Je discerne enfin la lampe de Børge au loin, qui essaye de les hisser sur une plaque de glace pour que je puisse les tracter à nouveau. Soudain, son kayak chavire lorsqu'une luge se renverse à moitié sur lui. Je ne vois rien, je hale, sans me rendre compte que le kayak et son passager s'enfoncent encore plus. J'entends soudain le cri de quelqu'un qui pense mourir. Malgré le vent, la neige, le hurlement parvient jusqu'à moi, je lâche aussitôt la corde, Børge réussit à remonter dans son embarcation.

Je recommence alors à tirer, mes mains sont gelées, je ne le sais que trop bien. Børge est sauvé, nous montons la tente, j'en profite pour enfiler une nouvelle paire de gants, je ne sentais déjà plus l'un de mes pouces. Le lendemain, il est inutilisable, deux jours plus tard, il est épais comme un steak… J'espérais que ce ne soit qu'une douleur passagère et qu'elle allait s'estomper, je me trompais.

Je ne peux plus exécuter les menus travaux habituels. Handicapé, j'attends que l'infection s'installe…

Après trois jours de souffrance aiguë, Børge me propose des antibiotiques. Je préfère me charcuter moi-même, j'introduis sous l'ongle de mon doigt, à même la chair, la pointe d'une épingle. Il faut drainer la plaie purulente. Un liquide jaunâtre s'écoule, la douleur s'estompe, le pouce dégonfle. Soulagement, je peux à nouveau toucher… Børge me somme plus qu'il me conseille de prendre des antibiotiques afin que la blessure ne s'infecte pas. Les bactéries et les microbes qui supportent mal les froids extrêmes n'existent quasiment pas dans les régions polaires, mais il faut néanmoins éviter les plaies ouvertes car elles ont toujours du mal à cicatriser. Le pus est déjà gelé, j'ai l'impression que plus rien ne circule à la surface de mon doigt. Les jours suivants, matin et soir, je drainerai…

Le vent quant à lui semble tourner. La dérive continue à nous faire descendre vers le sud, les températures baissent. Pendant quatre ou cinq jours, mis à part le nez de Børge qui gèle, mon doigt infecté, le planning est respecté.

Il était pourtant écrit que rien ne nous serait épargné.

*

* *

(Message envoyé à mes filles le quarante-cinquième jour)

Coordonnées GPS :

Lat 88° 16′ 02″ N
Lon 9° 48′ 51″ O

Le jour le moins rapide et le plus déprimant depuis notre départ. Des zones de compression qu'il faut escalader alors que les blocs de glace sont chacun aussi gros qu'une voiture. Si l'on ajoute que la neige de nuit n'accroît pas la visibilité, que la dérive nord nous renvoie vers l'endroit d'où nous venons, tout cela pourrait faire vaciller les esprits faibles. Rien ne fonctionne en notre faveur, mais les 8 kilomètres parcourus dans la journée nous rapprochent pourtant de la maison ! Une telle adversité nous oblige à un combat constant contre nous-mêmes et contre les éléments. Mais si tu n'es jamais allé au bout de toi-même, tu ne sauras jamais où se situeront tes limites… Ce que nous sommes en train de vivre, ce que nous sommes en train de ressentir n'a pas de prix. Cela ne s'achète pas, quelle que soit la fortune que tu possèdes…

*

* *

Vers le quarante-cinquième jour, le vent se replie dans une direction qui ne nous convient pas, la dérive s'inverse un peu, nous repartons malgré nous vers un nord-nord-ouest de plus en plus déplaisant. Nous remontons vers le pôle, ou vers le Groenland, ce qui n'est pas mieux. Les « journées », toujours en pleine pénombre, deviennent longues, c'est une bataille que nous menons pour continuer à skier, à rester dehors, malgré le vent de face, et une glisse modérée… Nous essayons de marcher sans agressivité aucune, de prolonger nos journées en restant moins longtemps dans la tente, là où nous perdons des kilomètres sans rien faire.

Je ne connais pas pire sentiment que celui de ne pas avancer malgré l'effarant travail que nous fournissons. Parce que l'inutilité de nos efforts, matérialisée par ce point GPS qui nous nargue en ajoutant des secondes et des minutes au degré qu'il nous offre, va évidemment de pair avec la fatigue qui s'installe.

Si bien qu'un jour, après quelques heures de repos, je sors de la tente et sens soudain mes jambes comme paralysées, je ne peux pas rester debout, je m'effondre sur la luge. Mes muscles ne répondent plus aux injonctions de mon cerveau. Des crampes insurmontables, qui vont et viennent, taraudent mon mental. Børge, inquiet, me demande ce qui se passe.

« Tout va bien, sauf que je l'ai l'impression que je ne peux plus marcher ! »

Nous réfléchissons ensemble, je tends mes jambes, tire dessus, les crampes semblent diminuer. Aurais-je modifié quelque chose dans mon alimentation récemment ? Oui, depuis le pôle, j'ingurgite des multivitamines que Børge, lui, mélange à ses aliments depuis le début de notre aventure. Je suppose que mon corps ne doit pas supporter cet apport extérieur, qu'il ressent peut-être comme une agression contre laquelle il se défend. Après quelques minutes d'attente, je vais un peu mieux, nous partons. Børge marche au même rythme que d'habitude, mais je ne peux pas le suivre, je lui demande de ralentir. Cela prendra une bonne heure avant que je retrouve mon état normal. Jusqu'au moment où nous arrivons devant une nouvelle brèche à traverser. À genoux dans le kayak, j'ai peur que la paralysie ne m'assaille à nouveau. Et si mes jambes se retrouvaient inertes, comment sortirais-je de l'embarcation ?

Une bonne étoile me protège, tout se passe au mieux.

Je ne toucherai plus aux cachets trop vitaminés, le malaise ne se reproduira plus. Je n'en parlerai à personne, nul ne doit penser qu'un petit rien pourrait nous forcer à abandonner notre si grand projet.

– 9 –

Un enfer de glace

« J'ai toujours conseillé à Annika et à Jessica de planter "des fleurs dans leurs têtes plutôt que des mauvaises herbes". Parce que les fleurs sentent bon et qu'elles embellissent le monde. »

Il nous reste encore 6 degrés à franchir. Cela fera bientôt cinquante jours que nous sommes partis. L'impression que la partition se répète, que la musique ne joue plus qu'un seul morceau, celui d'une saison en enfer. Cette fois, ce sont les températures qui remontent. La neige redevient soupe, colle aux peaux de phoque, empêche les skis de glisser convenablement, forme comme des sabots sous les planches, nous obligeant à soulever un poids monstrueux et nous contraignant à des arrêts incessants pour gratter la croûte amoncelée. J'utilise le couteau que je porte en permanence dans mon harnais. Il était plutôt là pour parer l'attaque éventuelle d'un ours – au cas où, et si j'en ai alors le temps, il faudra viser là où l'animal a des faiblesses, l'œil, ou la bouche, pas le crâne, trop épais –, couper la corde de la luge en cas de danger, pas pour raboter les semelles de mes skis.

Péniblement, nous nous rapprochons du 87e degré. Le soir, j'envoie moins de photos, nos batteries se vident, nos corps faiblissent à l'unisson. Je m'endors même parfois en écrivant, mes phrases sont de plus en plus lapidaires et le crayon de papier me tombe des mains. L'homme ne peut pas toujours entrer en résistance, sa vie se transforme alors en supplice.

Dans cette étrange débandade, les pertes sont toujours supérieures aux profits. Une nouvelle dent tombe, cette fois c'est douloureux et le ciment se révèle un triste réconfort ; le temps s'écoule comme à reculons, c'est une véritable punition : longer une brèche en remontant vers le nord sur 3 kilomètres pour trouver un passage n'aide pas à atténuer notre mal-être.

Nous montrons des signes de faiblesse que nous peinons à analyser. Nous avons encore maigri, nos yeux s'enfoncent dans leurs orbites, nos muscles s'atrophient, pas besoin de faire un dessin, chacun voit dans l'autre son propre reflet. Et ce n'est pas brillant. Jusqu'où et jusqu'à quand allons-nous pouvoir combattre ? Il nous reste trente-cinq jours de nourriture, rester motivé est d'abord une lutte avec soi-même.

D'un commun accord, nous décidons de prendre un jour de repos, tant pis, pour recharger les accus. On chauffe l'intérieur de la tente avec le réchaud, on mange en tapant un peu dans nos réserves, on ne se refuse rien, on appelle l'un et l'autre à la maison. Nul ne sait dans quel état nous sommes. Malgré tout ce que nous endurons, le message à faire passer tient en quelques mots : tout va bien. Je ne suis pas certain que nos interlocuteurs soient dupes, leurs encouragements sont toutefois réconfortants, même si je sens, je comprends leur inquiétude. Nous sommes toujours vivants, la fatigue n'est que la passagère clandestine de notre lente transhumance. J'espère que le vent se décidera enfin à tourner, qu'une aide quelconque nous sera fournie. Mais par qui ? Nous sommes encore trop loin, personne ne peut venir nous sauver…

Le lendemain. Il fait − 30 °C, nous choisissons de faire moins de pauses, de ne pas nous asseoir sur la luge pour nos petits breaks chocolatés, de casser le rythme lancinant de notre progression. Ne pas se refroidir, relancer la machine, c'est un « marche ou crève » sauce polaire. Nous sommes à nouveau dans une zone maudite, glace fracassée, brèches d'eau, manipulations incessantes comme lors de la montée : déchausser, monter dans le kayak, ramer, ressortir du bateau, remettre les skis, repartir… Dans des températures qui continuent à descendre et frisent les − 40 °C, ça devient un peu difficile.

Et toujours cette foutue dérive qui n'a pas de raisons de s'inverser. Un régime de hautes pressions – un anticyclone – s'est installé au nord du Svalbard. Il faudrait une tempête pour l'en déloger et modifier ainsi l'ordre météorologique des choses et la direction de notre dérive, mais rien n'est prévu pour les jours qui viennent. La situation météo est bloquée. Alors que nous n'avançons plus, le temps péniblement gagné s'est évaporé… Nous entrons en mode survie totale.

Le soir, je me réfugie dans mon sac de couchage, l'inconfort et les douleurs dorment à mes côtés. Je préférerais presque être dans un cachot, privé de liberté, plutôt que de rester emprisonné dans cette cellule de toile où le froid, le vent et la nuit sont mes compagnons de détention. Il n'y a sans doute rien de pire que ce « châtiment » contre lequel je ne peux lutter… Étonnant retournement : l'enfermement, je l'ai toujours vu pour les autres, les coupables, les condamnés. Je ne suis ni l'un ni l'autre. Quant à souffrir pour quelque chose, j'ai toujours aimé ça… Mais là, je n'en peux plus. Poussé dans mes ultimes retranchements physiques et mentaux, il est néanmoins hors de question que je meure de fatigue, ce serait une trop lamentable conclusion. Même si ma vie ne tient plus qu'à un fil, nous nous retrouvons dans une situation que nous avons choisie. Personne ne nous a jetés dans la gueule du pôle. Notre martyre ne porte pas de nom, mais nous allons nous battre au cœur de la nuit.

Survivre un jour, c'est survivre toujours.

Bien sûr, nous ne pouvons changer la nature, nous n'avons aucune prise sur elle, mais nous pouvons modifier notre attitude, malgré l'épuisement qui nous mine, malgré l'absence de réserves dans nos corps décharnés parce que nous puisons depuis trop longtemps dans nos propres et rares surplus de graisse et de protéines. Notre âge n'est pas non plus une assurance tous risques. J'ai cinquante-trois ans, Børge en a cinquante-sept. Nous avons treize hivers de plus que lors de notre première expérience vécue ensemble en 2006. Nous n'avons plus tout à fait les mêmes capacités physiques, plus la même force, plus la même endurance. Le froid, les conditions pourries viennent ajouter quelques tonnes de fonte à notre radeau mental. Pas question de couler même si nous n'avons plus que trente-deux jours de nourriture. Rester sous la tente plusieurs jours pour se refaire ? D'abord, ce serait reculer, ensuite, ce serait perdre trois ou quatre jours de nourriture. Pour rien.

Alors on continue, vaille que vaille. Les brèches d'eau, les petites vagues qui se fracassent sur les coques amollies et projettent de l'eau dans nos kayaks, emplissant lentement les bateaux : pour éviter que nos pieds trempent, nous posons désormais au fond des canots nos sacs étanches. Parce que, quoi qu'il nous en coûte, nous préférons traverser les eaux ouvertes plutôt que chercher désespérément un passage sur la glace. Même lorsque nous constatons que la brèche ne nous emmène pas là où nous le voulions parce qu'elle fait un coude, même lorsque, en posant le pied sur un îlot, la glace se rompt, même s'il nous faut alors deux jours pour en venir à bout, aller de l'avant, ne plus faire demi-tour sont des décisions qui possèdent la saveur de la victoire. Il faut croire en nos capacités, foncer, forcer, prendre peut-être un peu plus de risques… Avaler les obstacles, rester positifs, attendre un signe.

Le cinquante-septième jour, le vent tombe enfin. Voilà ce que nous espérions. Nous sommes proches du 86e degré. Demain, c'est sûr, il sera derrière nous. Il nous reste vingt-huit jours de nourriture. On se moque désormais des chiffres, la question n'a plus d'importance. Seule nous intéresse une autre interrogation : allons-nous être capables, physiquement et mentalement, d'aller au terme de notre aventure ? Ce n'est plus une question de jours de nourriture, mais de résistance des corps. La dérive joue les filles de l'air, elle disparaît sans crier gare, mais nous connaissons sa propension à jouer les dominatrices, alors elle revient nous soûler de ses coups de vicieuse. Le vent lui aussi se relève et s'échine à nous emmener là où nous refusons d'aller. En revanche, la glace change, elle devient plus épaisse, plus solide, la luge de moins en moins lourde, le froid de plus en plus virulent varie entre – 30 et – 40 °C, nous avons malgré tout l'impression d'évoluer à un bon rythme.

*

* *

(Message envoyé à mes filles le soixante-cinquième jour)

Coordonnées GPS :

Lat 86° 09′ 10″ N
Lon 13° 15′ 37″ O

Nous sommes physiquement à bout et avons dû perdre chacun entre dix et quinze kilos depuis le début de notre traversée. Après mon expédition au K2, je n'ai pas eu le temps de reconstruire ces importantes réserves de graisse comme j'avais pu le faire en 2006. Or le froid a bouffé les quelques réserves que je possédais, et il ne me reste que la peau et les muscles pour parvenir au bout de l'expédition. Cela ne va pas être simple mais, de toute façon, nous n'avons pas d'autre option. Ce n'est qu'un appel mais si quelqu'un pouvait envoyer un peu de son chocolat préféré à l'équipage de actuellement au Spitzberg, en expliquant pourquoi il l'aime, cela me permettrait de le déguster une fois que je serais revenu parmi vous.

*

* *

Progressivement, nous gommons sur la carte de nos errances le chemin parcouru, les distances s'amenuisent. Le 85e degré est en vue… Au soixante-cinquième jour, ça y est, c'est enfin validé. Même la dérive semble présenter ses excuses, elle tourne un peu au nord-ouest. Pas complètement idéal, mais l'ouest nous met du baume au cœur. Le lendemain, une tempête vient enfin balayer l'anticyclone posé au-dessus du Svalbard. En bouleversant les équilibres météo, elle dégage le terrain. Tout devrait bouger à nouveau !

Quelque chose d'avantageux serait-il en train de se passer ? Arrivons-nous dans une zone où notre progression sera plus rapide ? Mais combien de temps pourrons-nous marcher encore ? Nos corps sont laminés, nos os probablement plus fragiles, nos articulations moins souples. Une entorse du genou, une épaule démise ou que sais-je encore tiendrait de l'apocalypse.

Avec Børge, nous réfléchissons d'ores et déjà aux options possibles si nous nous retrouvons à court de nourriture. Il n'en existe pas beaucoup : demander de l'aide à un brise-glace qui serait capable de monter au-delà du 82e ? En communiquant avec nos équipes respectives, nous avons appris qu'il y en a bien un pas très loin, mais, hélas, il n'est plus en mission. Requérir son aide coûterait une fortune dont je ne dispose pas, et de toute façon il n'a pas d'hélicoptère à bord qui pourrait s'approcher de nous…

Nous commençons à en parler avec nos proches et ceux qui nous soutiennent. Même s'ils ne nous disent rien, Børge et moi devinons bien l'inquiétude qui les gagne, comme eux doivent détecter au son de nos voix que nous ne sommes pas au mieux. Même si cela fait toujours un bien fou d'échanger, ne serait-ce que quelques minutes avec ses proches, c'est toujours un moment difficile. Que ressentent mes filles lorsqu'elles entendent la voix d'outre-tombe de leur père qui se consume de fatigue ? Comment peut-on mesurer la teneur de ce que chacun vit tant nos existences sont aux antipodes l'une de l'autre ? Comment créer un pont solide entre elles et moi ? Alors, rapidement, on parle de tout et de rien pour se changer les idées, en essayant de ne garder que le positif : j'ai toujours conseillé à Annika et à Jessica de planter « des fleurs dans leurs têtes plutôt que des mauvaises herbes ». Parce que les fleurs sentent bon et qu'elles embellissent le monde.

Chacune des parties tente néanmoins de masquer ses sentiments, et c'est logique. Nous le savons tous : l'angoisse ne se partage pas, elle se propagerait alors trop vite.

Tout se disloque encore lorsqu'une nouvelle tempête fond sur nous alors que nous sommes sous notre tente. La démonter quand le vent souffle comme un possédé est une opération périlleuse, le risque de voir s'envoler le matériel est trop grand. Nous sommes forcés de rester à l'intérieur, décidés à repartir au plus vite la menace une fois disparue. Nous nous tenons prêts, le vent tombe, l'accalmie est là, mais elle ne dure pas. Les rafales reprennent et se succèdent, elles signifient aussi, parce que le vent n'est pas constant, que la tempête peut disparaître aussi rapidement qu'elle est arrivée.

Il ne nous reste que 3 degrés à franchir, un peu plus de 330 kilomètres. À cinq jours par degré, c'est toujours jouable. Nul ne sait encore qui va remporter cette partie de poker menteur… Nous repartons après le coup de vent, il reste fort et tombera un peu plus tard.

La glace a été fracassée, contrariant le moindre de nos pas, il faut zigzaguer en évitant les zones d'eau de plus en plus nombreuses. Malgré ce parcours haché, nous parcourons 24 kilomètres. Ici, chaque kilomètre est une récompense, chaque mètre un combat, chaque centimètre un imperceptible succès.

Il y a un mois que nous avons atteint le pôle, nous en sommes encore si proches. Comment cela finira-t-il ? Les températures remontent soudainement, jusqu'à – 6 °C. De – 35 à – 6 °C, la différence est brutale. Tout se met à fondre, à devenir humide, nous connaissons la chanson, il faut garder nos vêtements secs. Une fois à l'abri sous la tente, comme il nous reste assez de fuel, nous allumons le réchaud et les posons devant. Le lendemain, il fait – 4 °C. Quand nous nous réveillons, des gouttelettes perlent, tout est gorgé d'eau, il faut à nouveau lancer le séchage avant de nous élancer.

Je n'aime pas les boulots de merde, mais je préfère mille fois nettoyer la tente lorsque la glace s'y est déposée à cause du froid plutôt que de tenter d'éliminer l'humidité, fourbe manifestation des diktats de la nature. La glace, c'est l'une de nos routines matinales, tandis que Børge allume le réchaud, je prends une petite balayette pour brosser la toile et faire tomber la glace dans un récipient. Dont je jette ensuite le contenu. Quand il fait trop chaud, quand l'humidité a remplacé la glace, tout ressemble à du carton bouilli, je ne peux pas faire grand-chose. Je déteste rester sans rien faire, ou sans savoir que faire…

On sort de la tente quand tout est plus ou moins sec, le vent tourne, le froid revient, la dérive nous rappelle à son bon souvenir. Même si nous marchons désormais sur une glace épaisse, plus lourde donc qu'une glace récente, même si sa dérive est plus lente, elle ne peut rien contre le mauvais courant, nous remontons un peu vers le nord, puis perdons une nouvelle journée. Il pleut à nouveau ! Nous restons dans la tente.

Six jours durant, nous n'avancerons pas, reculerons même vers le 86e degré. Au soixante-dixième jour, enfin, nous connaissons notre premier vrai beau jour depuis le passage au pôle. Glace solide, courant, vent, dérive, température, nous sommes sur un nuage. Vingt-six kilomètres le prouvent. C'est là que nous décidons de modifier la longueur de nos journées. Elles feront désormais trente heures, comme je l'avais imaginé, avec ce fameux bonus d'un jour gagné tous les quatre jours, puisque nous aurons alors passé cent vingt heures, soit l'équivalent de cinq jours. Ce n'est pas seulement une vue de l'esprit ou un simple artifice mathématique, plutôt la confirmation que l'esprit humain peut, dans certaines conditions, imposer ses propres conditions à l'hostilité du monde qui l'entoure.

Une autre belle journée succède à la précédente, quasiment 30 kilomètres dans notre besace quotidienne, vent léger, luge qui glisse bien, tente installée. Mais quelques craquements de la banquise tandis que nous nous reposons à l'abri nous glacent à nouveau les sangs. La menace d'une fissure ? Et si nous étions dessus ? Les luges sont là, attachées au piquet comme une chèvre attendant le loup… Nous décidons de repartir aussitôt, skions non-stop. Il nous reste treize jours de nourriture pour 3 degrés encore à franchir. Cela semble impossible.

La délivrance est loin d'avoir envoyé son avis de réception.

– 10 –

À un degré et demi

« Ne gardons que cette énergie qui fait avancer l'Histoire, que l'espoir qui balaie les doutes. C'est aussi le moment où je redeviens le dévot d'une étrange religion. J'ai foi en tout. »

Les jours continuent à passer avec une irrégularité qui me dépasse. Ils se suivent sans se ressembler, perturbés par les hésitations du vent, de la température, de la dérive. Les trois semblent liés par un pacte diabolique. Que la température remonte, et la glace bouge, se fissure ou crée d'énormes amas de blocs qui nous regardent de haut, que le vent change de direction, et la dérive en ressent les effets après quelques heures.

La suite n'est alors que le long collier des perturbations que nous inflige le terrain sur lequel nous évoluons : les compressions qui se multiplient et qu'il faut escalader, les brèches qui refont surface et nous obligent à modifier notre organisation. Impossible d'avancer en ligne droite, le zigzag se pose comme la seule façon de mettre le nord dans notre dos. Børge et moi sommes deux composantes infimes d'un puzzle gigantesque dont nous ne distinguons pas toutes les pièces. Pas plus que, lorsque tout sera terminé, nous ne saurons à quoi ressemblait le casse-tête que la nature nous aura proposé. Si tant est que cela se termine un jour.

Pour l'heure, nous songeons à trouver quelques subsistances pour recharger notre garde-manger. Tuer un phoque semblerait une éventualité. Mais il faudrait s'arrêter d'avancer, ne plus bouger, attendre qu'un animal montre sa tête… Et essayer de l'attraper. Pas la peine d'y penser, il n'y a pas un signe de vie dans cette nuit perpétuelle. Quant à essayer de pêcher, nous n'évoquons même pas l'idée, ici les poissons vivent dans les grandes profondeurs…

L'esprit doit absolument rester positif, même si la réalité l'est moins. Børge et moi sommes devenus des machines à créer du constructif. Le négatif ne se partage pas, il se garde au coffre. Se taire devient aussi un moyen de communiquer. Le regard de l'autre est source d'énergie. Quand j'ai faim, quand j'ai froid, lorsque je suis fatigué, je dévisage Børge et sais que je ne suis pas le seul, nous connaissons les mêmes turpitudes, nous vivons les mêmes instants, nous voyons et ressentons les mêmes choses.

Ne gardons que cette énergie qui fait avancer l'Histoire, que l'espoir qui balaie les doutes. C'est aussi le moment où je redeviens le dévot d'une étrange religion. J'ai foi en tout. Oui, la glace va devenir plus solide ; oui, le vent va souffler dans le bon sens ; oui, la dérive va nous mener au but ; oui, un bateau va pouvoir monter vers nous ; oui, un être suprême va peut-être nous apporter son aide. Je ne le vois pas, je ne le touche pas, mais mes croyances ne sont pas tangibles, même si les opportunités qui surviennent en sont peut-être l'une des manifestations…

Je ne suis pas sûr d'avoir un jour été aussi proche de la mort. Il ne nous reste quasiment rien à manger, mais de ma longue expérience, j'ai tiré un précepte simple : « Rien n'est fini, jusqu'à ce que ce soit fini ! » C'est maintenant que nous devons rester forts, c'est quand il fait mauvais qu'il faut sortir dehors, parce que forcément le temps va s'améliorer, c'est maintenant qu'il faut avancer. Même si la neige se met à tomber, une neige qu'on ne voit jamais sous ces latitudes, fraîche, lourde et sur laquelle il devient difficile de progresser. Nous avons moins de forces pour tirer, nous nous relayons maintenant tous les quarts d'heure, quand ce n'est pas toutes les dix minutes.

La température baisse à nouveau, cela fait soixante-quatorze jours que nous luttons pied à pied. Une discussion s'impose. Sur la philosophie à adopter et les risques à courir. Je suis partisan d'en prendre plus, malgré la situation d'extrême fatigue où nous sommes. Ce n'est pas forcément très professionnel, dans notre état, plus très loin de notre arrivée au 82e degré, là où la glace solide redevient enfin de l'eau, là où nous aimerions mettre un terme à notre aventure à deux, là où *Pangaea*, avec l'équipage à son bord et Bernard à la barre, pourra venir nous récupérer. Rester vivant, c'est peut-être ne pas prendre de risques, mais ne pas prendre de risques, c'est probablement ne pas arriver jusqu'à notre objectif. Nous nous trouvons devant le plateau d'une balance existentielle. Quelle est la charge la plus lourde, celle qui comprend le risque à prendre, l'accident potentiel et la probabilité d'y arriver, ou celle qui embrasse le chemin sans risque, le temps qui passe, et la possibilité de ne jamais parvenir à nos fins ?

Je n'ai jamais été persuadé qu'on sauve plus facilement sa vie en empruntant une route large et sans aspérités. À certains moments, il faut redevenir bestial, ne plus calculer, ne pas hésiter, attaquer de front. Je parviens facilement à convaincre Børge, il sait comme moi la réalité qui nous contemple. Elle nous regarde de haut et n'attend qu'une chose, que nous nous écroulions.

Il peut nous arriver de ne pas être d'accord sur la décision à prendre, mais entre nous, le respect l'a toujours emporté. Il le faut à tout prix. Dans une vie normale où tu croises et côtoies des dizaines de personnes, si tu veux diversifier ton mode de pensée, éviter les mauvais contacts, échapper aux gens néfastes, c'est assez simple, tu vas voir ailleurs, tu évites, tu te retires ou que sais-je encore ? Quand tu es avec quelqu'un vingt-quatre heures sur vingt-quatre, quand tu dors, tu manges, tu chies, tu avances avec lui, ne pas être d'accord n'a pas la même signification. Tu ne peux pas partager cette vie sans résoudre les problèmes que tu as ou les questions que tu te poses. Ne pas pouvoir s'échapper donne une autre ampleur à la relation qui s'est créée entre nous. Surtout quand la cohabitation devient plus importante dans la tente, qu'en marchant l'un derrière l'autre sur un sol gelé. Tu peux mettre des bouchons dans tes oreilles, faire semblant de dormir ou de penser à autre chose, viendra le moment où il faudra déballer, s'expliquer, discuter, jusqu'à trouver le compromis.

Il n'existe pas, là-haut, le conflit sans paroles, il n'existe pas l'instant où tu te dis : « Fais chier, je vais aller voir dehors. » Ici le divorce est impossible, on ne peut pas s'enfuir ou se réfugier chez quelqu'un d'autre. De cette obligation de rester ensemble, de cette exigence envers l'autre, naît une forme de respect qui est la marque indélébile des rapports que nous entretenons, Børge et moi. À chacun son opinion, ses convictions, à nous deux la considération et la tolérance nécessaires. Je peux tout à fait prendre en compte le fait que Børge apprécie moins le risque que moi, je le suivrai si c'est lui qui mène la danse et décide de contourner un obstacle plutôt que de l'escalader. Je ne lui demanderai pas : « Mais pourquoi tu passes par là ? », j'accepterai son choix, parce que c'est le sien et qu'il est éminemment respectable : nous sommes égaux, semblables, presque identiques dans la façon dont nous avons mené nos vies. La confiance est la chaîne dorée de notre partenariat polaire.

À deux, il faut prendre grand soin des relations humaines, nous sommes un couple, à durée plus ou moins limitée évidemment, mais là n'est pas l'important. Respecter l'autre, c'est le découvrir, et c'est aussi apprécier les qualités qu'il a et que tu rêverais d'avoir… Sous une tente, sans argent, sans chauffage, sans nourriture, pourquoi se faire la guerre ?

Bien sûr, seul, je pourrais prendre tous les risques parce qu'ils donnent de la couleur à ma vie, parce qu'ils l'épicent, parce qu'ils renforcent mon sentiment de combat personnel et de victoire sur ce que je suis venu défier. Demandez-moi de remplir un profil de poste et la première chose que j'écrirais à la rubrique « Quelles sont vos qualités », ce sera : « Prendre des risques. » Comme si c'était inscrit dans mon ADN. Comme si, depuis mes petits chemins sud-africains à vélo jusqu'aux jungles, montagnes, déserts, toundras, savanes que j'ai arpentés ou conquis depuis plus de trente ans, je cherchais à écrire le mot « aventure » avec une capitale et non pas avec un « a » minuscule…

Børge et moi ne sommes peut-être pas deux amis, nous sommes deux frères, avec ce que cela implique de devoirs presque familiaux… Entretenir et travailler ce lien à la fois ténu et fort, c'est du boulot pour ne pas laisser couler ce qui nous unit et nous rapproche depuis la première fois que nous avons fait cause commune. Notre relation est une berline, si elle doit avancer, il faut y mettre de l'essence pour que, côte à côte, nous évoluions, progressions et réussissions à aller là où nous voulons aller. Ensemble, en restant soi-même et en laissant l'autre être lui-même. On ne peut changer les autres, ce n'est pas notre mission, on peut en revanche travailler sur soi pour devenir meilleur.

Nous sommes d'accord, Børge et moi, et cela nous redonne confiance…

*

* *

(Message envoyé à mes filles le soixante-quinzième jour)

Coordonnés GPS :

Lat 84° 31′ 19″ N
Lon 18° 57′ 48″ O

Notre meilleur jour depuis le passage du pôle. Du froid, du vent, de la bonne glace, mais nous nous sommes rapprochés doucement de notre but. Nous avons ainsi pu couvrir une bonne distance. Heureusement car il ne nous reste que dix jours de nourriture. La dérive nous pousse sud-sud-ouest et c'est bon pour nous. Nous sommes fatigués et devons faire attention à ne pas gaspiller notre énergie bêtement.

*

* *

Le lendemain, soixante-quinzième jour, la récompense est immédiate, une journée magnifique. Température de − 33 °C, brèches d'eau qui gèlent enfin, et 33 kilomètres effectués sans difficulté. Petit événement, sans aucun doute, mais grand bonheur. Deux camionneurs dans un bar *topless* qui demanderaient à faire une démonstration de *pole dance*… La vie pourrait redevenir belle sans l'épineuse question de la nourriture. Mais nous voulons y croire. Nous pouvons y croire.

*

* *

(Message envoyé à mes filles le soixante-seizième jour)

Coordonnés GPS :

Lat 84° 15′ 49″ N
Lon 18° 22′ 22″ O

Il fait de plus en plus froid et nos réserves de nourriture continuent de diminuer. Décembre approche, il ne faut plus perdre de temps, sans trop nous exposer. Les vents légers venus du nord continuent à nous faire avancer dans la bonne direction, et leur aide nous apporte 2 ou 3 kilomètres de bonus supplémentaire. Il faut juste continuer à faire attention au froid et à ses morsures qui commencent à nous cisailler les pieds et les mains. Si tout continue comme cela, nous devrions nous en sortir !

*
* *

Et cela continue encore pendant quelques jours, le vent fait dans le constant, les températures restent entre – 20 et – 30 °C, nos corps en revanche prennent une forme qui n'est pas des plus élégantes. Le froid est une pompe qui gonfle nos orteils, nos mains, nos figures même, nous avons maintenant l'impression de ressembler à des extraterrestres. Le pire, ce sont évidemment les extrémités, nos orteils ont bien gelé et chaque pas est à présent une torture inouïe : ce sont les orteils qui travaillent lorsqu'il faut lever nos skis, ce sont ces mêmes orteils que nous essayons de réconforter le soir. Avec d'infinies précautions, nous nous déchaussons et les trempons dans de l'eau chaude pour que le sang recommence à trouver sa place dans nos doigts de pied endoloris. Glacée, l'eau porte le costume du bourreau, chaude, la robe de la guérisseuse. On se réchauffe en faisant brûler le peu de fuel qui nous reste, mais sans mettre les pieds au plus près des flammes, un peu d'inattention – car on ne ressent rien –, et le risque de transformer nos orteils en saucisses pour barbecue est bien réel.

À chaque halte, nous continuons à réfléchir aux diverses éventualités pour la fin de notre parcours. Nous apprenons que le *Lance*, un bateau de pêche au phoque, pourrait tout à fait s'approcher de nous, remonter même – puisqu'il en a les capacités – jusqu'au 82e degré, terme revendiqué de notre périple arctique. La possibilité d'être récupérés par un hélicoptère est évoquée, mais vite rejetée. Ce serait plus sûr, plus rapide, moins cher, gratuit même, mais à une seule condition : pour qu'il vienne depuis le Svalbard, il faudrait que nous déclenchions nos balises de détresse, que nous appelions au secours en quelque sorte. Sans quoi, il ne se déplacera pas. Pour nous la situation est loin d'être désespérée, il est hors de question d'allumer notre balise tant que nous n'avons pas atteint le fameux 82e degré, ou en cas de réel danger. Là, alors, nous pourrons dire : « C'est fini, venez nous chercher. » Mais pas avant.

Il nous reste encore un peu de temps avant de nous décider. Nos estomacs crient famine, nos corps fonctionnent encore sans que l'on sache bien comment.

Les jours de grand froid se poursuivent, la glace est stable, plate, immobile, les brèches d'eau sont toujours fermées, nous sommes sur l'autoroute des bonheurs enfin accessibles, le moral suit la trajectoire d'une flèche ascendante. Régulièrement, nous communiquons avec nos équipes respectives et continuons à nous informer de solutions possibles. *Pangaea* montant jusqu'au 82e degré ? La plus séduisante mais pas la meilleure idée, avec cette glace qui pourrait cette fois s'étendre plus bas encore, alors que l'hiver polaire est bel et bien installé. L'hélicoptère ? Toujours les mêmes conditions, la balise à déclencher au plus vite, les secours ne veulent pas attendre que nous n'ayons plus rien à manger pour venir nous chercher. Ils craignent par-dessus tout une météo qui empêcherait les recherches, et surtout l'éventualité toujours envisageable de retrouver un peu plus tard deux corps congelés…

Il ne nous reste qu'un peu plus d'un degré et demi à franchir, environ 170 kilomètres, nous en sommes au soixante-dix-septième jour. Le bingo se rapproche, mais n'est pas encore arrivé le moment où l'on pourra croire que c'est gagné. Nous remercions la nature de se montrer désormais généreuse. Sans doute estime-t-elle qu'elle a suffisamment joué avec nos émotions, jonglé avec nos forces, testé notre savoir-faire et salué notre entente. Peut-être a-t-elle décidé, en hommage à notre persévérance, d'ouvrir la porte, de nous laisser accéder au paradis.

Il nous reste huit jours de nourriture.

– 11 –

Y croire

« Peut-être ai-je soudain peur que tout s'arrête,
moi qui n'ai pourtant jamais peur d'avoir peur,
moi qui jugule et apprivoise mes craintes
pour les transformer en armes... »

De notre côté nous avons décidé de repousser toujours plus nos limites physiques, comme si nous sentions l'odeur de la maison, nous ne contrôlons toujours rien des événements extérieurs, mais cassons nos habitudes et notre fonctionnement. Nous évitons le plus possible de nous arrêter, parce que la tente n'est qu'un petit vaisseau immobile. Nous nous forçons juste à quelques stops pour ne pas caler avant la fin, tel le marathonien parti trop vite, qui n'a plus de jus pour les derniers kilomètres et abandonne alors qu'il aperçoit la banderole de l'arrivée. Ne pas terminer n'est plus une option. Il faut gérer l'énergie qui subsiste encore un peu, sans trop accélérer, en dormant moins, histoire de récupérer, mais pas plus…

Mon corps de toute façon a appris à s'adapter au rythme que je lui impose. Dans une vie normale, dans une zone de confort plus ou moins agréable, il n'est nul besoin de modifier notre façon de vivre. Chez moi, c'est pourtant une obligation, sortir sous la tempête lorsque j'étais enfant, courir jusqu'à en vomir en suivant mon rugbyman de père, élargir les limites de ma propre existence, en faire exploser le périmètre, transformer les paramètres de mon cerveau, de mon corps, briser les perspectives. Ce n'est plus une punition de marcher plus longtemps, ce n'est plus une soumission que de se contraindre à dormir peu, ni pour Børge, ni pour moi. Nous sommes faits du même sang… C'est notre manière de revendiquer notre statut d'être vivant, la seule que nous connaissons et dont nous nous contentons. Même à moitié morts.

Notre descente continue, nous croisons de nouvelles traces d'ours, celles-ci sont fraîches, le mâle doit être là, dans les parages, pour chasser le phoque : il y a de nouveau des brèches d'eau, des plaques de glace qui se déplacent, l'idéal pour un chasseur polaire. Il pointait vers le nord, nous allions vers le sud, même si la rencontre ne se fera pas, les empreintes des pattes nous rappellent que les dangers potentiels ne sont pas évanouis, qu'il nous faut rester attentifs et prudents.

Malgré les douleurs qui se font de plus en plus criantes. Malgré mes orteils qui m'élancent toujours dès que je commence à marcher et qui ne se sentent mieux que lorsque je quitte mes chaussures. Je ne peux pas faire grand-chose lorsque je skie, je pousse un peu moins, j'essaie de trouver la position qui me fait le moins hurler… De toute façon, nous avons mal partout désormais. Aux pieds, aux mains, au nez, nous ne sommes plus que plaies et blessures. Même la faim s'y met, qui vrille nos estomacs. Cette douleur-là me paraît normale, nous sommes en fin de parcours, nos corps ne réagissent plus de la même façon qu'il y a presque trois mois… Alors j'y prête le moins d'attention possible.

Les nouvelles du *Lance* sont bonnes, Lars Ebbesen, le chef d'expédition de Børge, a fait vite. Un accord a été trouvé avec l'armateur du bateau. En échange d'un forfait global d'un montant robuste, le puissant navire a rapidement quitté Tromsø, son port d'attache. Il devait ensuite se ravitailler à Longyearbyen, l'un des ports de l'archipel du Svalbard, puis remonter vers nous, aux alentours du 82e degré. Il pourra rester là le temps qu'il faudra pour nous récupérer. À bord, outre l'équipage, se trouvent un médecin norvégien, Charles, un journaliste français, et Étienne, mon fidèle opérateur de caméra, un père et son fils, proches de Børge, ainsi que deux amis explorateurs, Aleks Gamme et Bengt Rotmo, censés venir à notre rencontre une fois le *Lance* arrivé vers le 82e degré. Lorsque nous apprenons ces nouvelles, nous sommes à 83 degrés 59. Chaque partie va devoir faire de son mieux pour que tout se termine comme chacun l'espère… Børge semble apaisé, je suis plus méfiant.

J'ai également appris que les médias commençaient à parler de nous, à faire monter l'inquiétude, qu'ils nous annoncent « en danger de mort ». Ce n'est pas tout à fait le cas, ou pas encore. La notion de danger entre ceux qui le vivent et ceux qui s'en servent pour faire grimper les audiences est sans commune mesure. Qui peut d'ailleurs imaginer, dans la quiétude et le confort d'un studio télé ou d'une salle de rédaction, ce que nous sommes en train de subir depuis trop longtemps ?

Notre excitation grimpe lentement, plus par rapport au *Lance* qu'à ce qu'il nous reste à parcourir. Il fait très froid, mais nous repoussons encore une fois les assauts glacés et avançons en tentant de ne plus compter le temps. Les kilomètres défilent toujours, les traces d'ours aussi, la glace varie en épaisseur et en solidité. C'est presque trop beau, quelque chose doit se produire, je le sens : cette situation, au regard de tout ce que nous venons de vivre, ne me paraît pas normale. J'ignore pourquoi, mais je sais que je ne vais pas tarder à le savoir… Ce n'est pas possible autrement, une autre épreuve doit nous attendre quelque part, la dernière peut-être ?

Non, il n'y en aura pas qu'une.

Børge, d'abord, manque encore de se faire avaler par les eaux froides. Il progressait sur une neige posée sur une glace trop fine, un classique. Un craquement, une fissure, réagir vite, regarder si la neige devient noire, ce qui signifie qu'elle se gorge d'eau… Børge parvient à faire demi-tour, à s'accrocher à sa luge, et s'en sort comme un chef…

*

* *

(Message envoyé à mes filles le quatre-vingtième jour)

Coordonnées GPS :

Lat 83° 10′ 06″ N
Lon 18° 37′ 25″ O

Certaines personnes ont fait le tour du monde en quatre-vingts jours, certains essaient de traverser l'Arctique dans le même temps ! J'ai l'impression que cela fait une éternité que je suis ici. Il est désormais temps de rentrer à la maison. Avec les six jours de nourriture qui nous restent, nous pensons qu'il est possible d'atteindre le bateau venu à notre rencontre. Mais aujourd'hui nous avons eu un nouveau contretemps. Pourquoi ces problèmes-là surviennent-ils toujours au plus mauvais moment ?

*

* *

Les kilomètres s'empilent comme des assiettes sales d'après-dîner, trente encore au quatre-vingtième jour, mais le vent forcit comme si souvent, et la dérive ne va pas tarder à suivre ses injonctions. Comme il faut quelques heures pour que la vieille glace et les plaques lourdes se mettent à bouger dans un sens qui ne nous avantagera pas, nous en profitons pour avancer, la luge est légère…

Le vent a beau geler nos nez, nous lui répondons en étendant encore une fois notre morve en masque protecteur. Comme nous n'avons sans doute plus de calories utiles dans le corps, malgré toutes les couches possibles de sous-vêtements, nous sommes saisis par le froid.

Nous décidons de faire une pause. Une fois le campement dressé, nous inspectons le matériel. Børge découvre une couche de neige au fond de la luge en plastique qu'il tracte. Il la vide puis la retourne. Elle est fissurée, fendue sur une jolie largeur. Le froid, les impacts et les chocs l'ont affaiblie, elle a fini par céder, s'est déchirée. Impossible de continuer sans la réparer : que nous ayons à traverser encore quelques brèches avec cette luge non étanche et le naufrage deviendra la seule certitude. Nous décidons de sortir notre kit de réparation : perceuse, fil de fer, colle, câbles et cordes, vis et boulons… Avec tout ça, nous devrions pouvoir réparer.

Le temps est une denrée qui coûte cher, l'atelier ne fermera que huit heures plus tard, c'est beaucoup trop. Avec la mèche de la perceuse chauffée auprès du réchaud, Børge troue le petit traîneau de part en part, l'idée étant de poser une cloison en Teflon au fond, puis de la ligoter pour la solidariser avec le fond de la luge. Des lacets de chaussure dans les trous suffiront à assurer la solidité de l'assemblage.

La luge peut avancer, en revanche, reculer sera délicat.

Nous repartons avec un engin quasi neuf, recommençons à traverser quelques brèches qui démontrent que la réparation fonctionne, même si, par excès de prudence, notre progression est un peu ralentie.

Il nous reste de quoi manger pour cinq jours, mais je me sens encore moins en forme qu'à l'accoutumée. J'essaie de comprendre : pourquoi ai-je l'impression de perdre en lucidité, pourquoi ma concentration, grande bouffeuse d'énergie, a-t-elle tendance à s'effilocher ? Pourquoi ai-je soudain envie de m'endormir, en me moquant de ce qui pourrait bien m'arriver ?

Je n'ai pas d'autre réponse que l'épuisement, le manque de nourriture, le froid, le danger, la possibilité de ne pas arriver au bout… Par-dessus le marché, notre journée n'est pas très fructueuse, si tortueuse même que nous n'avons pas avancé. Un demi-tour devant une brèche sans fin, une neige en papier de verre, les deux luges que l'on essaie de mettre l'une sur l'autre… Bref, encore des heures de perdues. Il doit nous rester trois ou quatre jours à souffrir avant de retrouver le *Lance.* Nous savons qu'il s'est rapproché de la glace et progresse vers nous, il s'arrêtera quand il ne pourra plus faire de charpie avec la banquise, ou que celle-ci l'empêchera de remonter plus au nord. C'est le *deal*…

Il nous reste toujours la possibilité de déclencher notre balise au cas où, mais nous ne pouvons nous y résoudre. Nous devons arriver jusqu'au bateau… Nous avançons, vaille que vaille, le rapprochement continue, encore une journée et le *Lance* sera en position d'attente.

Le décompte est rude, nous en sommes au quatre-vingt-troisième jour. Il nous reste de quoi manger pour deux jours ! Après 19 kilomètres dans une dérive peu favorable, la température remonte à – 16 °C. J'ai l'impression de lâcher prise, tout m'ennuie, pour rester poli. Je pourrais marcher vers le nord, ou vers l'ouest, je m'en fous. Mon attitude me surprend, comme si je préférais que ma vie soit une vis sans fin, comme si je n'avais pas envie que tout cela se termine malgré les difficultés que nous vivons depuis presque trois mois. Là encore, je suis incapable d'expliquer pourquoi.

Peut-être ai-je soudain peur que tout s'arrête, moi qui n'ai pourtant jamais peur d'avoir peur, moi qui jugule et apprivoise mes craintes pour les transformer en armes… Là, tout à coup, ce serait comme si survenait une succession d'actes ou de décisions que je n'ai pas pris seul. Je n'ai jamais apprécié, sauf en ultime recours, d'impliquer d'autres personnes dans mes aventures, je préfère toujours résoudre les problèmes moi-même. Il est prévu qu'Aleks et Bengt, les deux amis de Børge, à bord du *Lance*, viennent à notre rencontre, apportant avec eux cette nourriture qui commence à nous manquer. Dans deux jours, ils seront peut-être là, à nos côtés, nous ne serons plus seuls.

Je n'aime pas les fins d'histoire. Je les trouve souvent plus tristes que les débuts. Ne pas arriver seuls à 82 degrés est sans doute acceptable pour Børge, la portée de ce que nous sommes en train d'achever n'est pas une vue de l'esprit, cela ressemblera malgré tout à un exploit jamais réalisé. De mon côté, je ne veux pas d'une balise déclenchée, je ne souhaite pas que deux gars, même de grand talent, viennent nous donner un coup de main. Je déteste les échecs, mais je n'apprécie pas beaucoup plus les demi-succès. Les déconvenues sont presque aussi fortes. Je lutte avec ces sentiments un peu contradictoires, j'ai presque envie de repartir dans l'autre sens. Suis-je un homme normal ?

On pousse encore au-delà de nos limites, mais nous arrivons vers de l'eau pas gelée, nous la contournons, nous devons être à une cinquantaine de kilomètres du bateau… Un dernier effort s'impose.

Une tempête s'annonce. Encore. Elle monte du sud, elle semble forte, avec des risques de casser la glace, nous sommes positionnés très exactement à 82 degrés 49, elle va certainement nous repousser vers le nord, le *Lance*, lui aussi arrêté par la glace, suivra le même mouvement. Ce n'est qu'un problème de déplacement, la distance qui nous sépare ne sera pas modifiée. De toute façon, Aleks et Bengt doivent déjà avoir quitté le navire… Nous n'avons quasiment plus rien à manger. Nos estomacs sont plus vides que les coffres d'une banque après un braquage. Nous dormons quatre heures avant de repartir. Nous partons pour sauver notre vie. La tempête déferle, bouscule tout sur son passage, détruit les plaques de glace, l'eau s'ouvre de partout autour de nous. Nous installons à nouveau la tente, nous n'avons pas d'autre solution. Plus loin, devant nous, Aleks et Bengt font de même… Cinq kilomètres nous séparent, mais entre eux et nous, une grande brèche nous empêche de faire la jonction.

La tempête est passée, ne subsistent que quelques résidus de vent, nous sommes le quatre-vingt-quatrième jour, il ne nous reste qu'un jour de nourriture ! La dérive a repris, la température frôle les – 30 °C, ce qui veut dire que, si le vent tombe, la glace va se reformer ; en marchant sans nous arrêter, nous serons au bateau dans deux jours.

Les dernières rations sont sorties des sacs. Børge n'a plus de chocolat, il m'en reste quelques morceaux. En 2006, c'était le contraire. Nous partageons comme deux gamins, un pour toi, un pour moi, un pour toi, un pour moi… Le lendemain, en quittant le campement, il nous reste une ration, un bœuf-purée, un peu de saumon et quelques flocons d'avoine.

– 12 –

Si le mot fin a un sens…

« Le temps défile sans que je puisse en calculer la durée. Étrangement, je n'ai pas peur, je la connais la peur, je l'ai fréquentée, je l'ai analysée, j'ai appris à la dominer, à la dompter dans une situation extrême. »

Nous distinguons une lumière sur l'horizon. Un instant nous pensons à la lune, mais il s'agit des projecteurs du *Lance* qui balaient le ciel pour nous indiquer la position du navire. Plus près de nous, nous apercevons deux petites lumières mouvantes et rassurantes. Ce sont Aleks et Bengt, coincés par la brèche d'eau qui nous sépare, ils la longent pour trouver un passage. Ils ne sont qu'à environ 200 mètres de nous. Børge sort alors sa caméra thermique pour filmer le début des retrouvailles. De mon côté, je m'approche de la brèche… Au moment où je me tourne vers Børge, la glace s'effondre. J'ai fait le pas de trop. L'un de mes skis entraîne ma jambe dans l'eau, l'autre reste heureusement sur une partie plus solide de la glace. Børge jette sa caméra et court vers moi. Je lui hurle d'arrêter. Les secondes deviennent des minutes, les minutes des heures. J'oublie tout ce qui m'entoure, le *Lance*, Aleks et Bengt, je ne pense qu'à moi et au moyen de m'en sortir. J'ai l'impression de réfléchir avec une acuité rare, comme si les neurones chargés de gérer le passage de la vie à la mort s'activaient. Je dissèque tout ce qui est autour de moi, je regarde mes jambes, ma position entre la glace et l'eau, je suis conscient que la plaque bouge, je vois la corde qui me relie à la luge, j'ai l'impression de me dissoudre lentement dans un bloc de ciment mouillé. J'essaie de sortir ma jambe une première fois en tentant de prendre appui sur le ski dans l'eau. Je ne le referai pas deux fois, trop risqué. Je tente alors d'utiliser l'autre ski toujours posé sur la glace pour m'aider à me soulever sans qu'il appuie trop sur la glace. Je sens le froid vif de l'extérieur, j'ai l'impression que l'eau est chaude. Elle est à – 2, l'air à – 40 °C. Il y a donc 38 °C de différence. L'eau s'infiltre dans mes habits, mes poches, mes chaussures, mes grosses moufles… Chaque élément se met à peser des tonnes. Je garde la tête à l'extérieur, j'essaie de m'allonger sur le dos sans m'enfoncer trop dans la soupe, j'arrive à tourner la tête, puis à pivoter le haut de mon corps pour me retrouver quasiment sur le ventre, face à la glace solide qui est derrière moi. Je me débarrasse des moufles car mes mains pèsent une tonne. Je suis coincé, mais j'ai suffisamment de prise pour que mes doigts s'accrochent à la glace.

J'essaie de m'aider avec la corde qui me relie à la luge, pour trouver un point de traction, mais la corde s'est sans doute emmêlée autour de blocs de glace, cela ne sert à rien. Le temps défile sans que je puisse en calculer la durée. Étrangement, je n'ai pas peur, je la connais la peur, je l'ai fréquentée, je l'ai analysée, j'ai appris à la dominer, à la dompter dans une situation extrême. Parce que c'est moi, et moi seul, qui ai décidé de marcher sur la glace au risque qu'elle se rompe. Je n'avais pas peur que la glace casse, je n'ai jamais eu peur qu'un ours me dévore, j'ai simplement peur de mourir…

Mais tout va si vite que la perspective de mourir n'a pas l'occasion de trouver une faille dans mon esprit. J'ai coupé les ponts avec les sentiments, déjà oublié mon inattention fautive. N'ai-je pas coutume de dire que « ce n'est jamais fini que lorsque c'est réellement fini » ? Résolu à ne pas lâcher le lien misérable qui me rattache à l'existence, je ne suis plus que dans l'action. Faudrait-il que je mette la tête sous l'eau pour me débarrasser du ski qui m'empêche de sortir ?

Børge s'approche doucement, s'empare de la luge pour m'aider, mais sans effet. De mes mains nues, je continue à m'accrocher à la glace solide, et celles-ci commencent immédiatement à geler. Dans l'eau mon corps se sent toujours au chaud, je continue à essayer de faire bouger mon ski vers le haut, la spatule apparaît, je parviens à m'extraire du guêpier…

Il faut faire extrêmement vite. Børge installe immédiatement la tente à côté de la brèche, sur un espace à peu près plat, je l'aide avant de me jeter à l'intérieur tandis qu'il continue de fixer l'abri au sol. Je veux enlever mes vêtements mais le froid a instantanément givré la fermeture Éclair de ma veste et la sécurité de mon harnais. Impossible de les défaire. Børge court chercher les deux réchauds, les allume et les approche de mes vêtements pour en dégeler les systèmes d'ouverture. C'est trop long. Avec un couteau, on découpe tout, le harnais, la veste, nous les recoudrons plus tard. J'enlève mes sous-vêtements, je suis nu comme un ver.

Børge m'apporte mon thermos. Par chance, nous l'avons rempli il y a quelques heures à peine, l'eau est toujours chaude, je prends des rouleaux de papier hygiénique, les mouille et commence à enlever le sel qui me colle à la peau tout en me réchauffant un peu. Børge a posé un matelas de mousse entre le tapis de sol et moi, pour repousser le froid qui monte de la banquise sur laquelle nous sommes vissés. On met les habits dehors pour que le froid fasse son œuvre et enlève l'humidité qu'ils contiennent. Je me lave, je me sèche, je me réchauffe petit à petit. J'ai des frissons, une sorte de choc thermique à assumer.

Je comprends évidemment que tout n'est pas si rose, que les gelures vont inévitablement s'emparer de mes doigts, ou de mes mains… Je les approche du réchaud, tant pis. Une odeur de volaille brûlée monte rapidement, mais je ne sens rien.

À l'extérieur, Børge s'occupe de mes vêtements et de mes chaussures, il les frotte pour ôter la glace qui vient de se former. Dans ma luge, il me reste des sous-vêtements de rechange. De taille L car destinés à la fin du voyage, lorsque nos corps ne sont plus que maigreur et atrophie. On porte toujours moins grand à l'arrivée qu'au départ. Je m'équipe, la tente est transformée en hammam, un sauna humide, Børge doit sortir s'il ne veut pas être changé à son tour en serpillière.

Il part à la recherche d'un passage pour retrouver Aleks et Bengt… Je tends un lacet au sommet de la tente, j'y pends mon pantalon, en découpe les poches qui représentent des couches supplémentaires à sécher… Ça marche !

Je récupère une vieille paire de chaussettes que j'avais eu la bonne idée de ne pas brûler lors d'une de nos opérations « Incinération de déchets », je m'en félicite, même si elles sont trouées, même si elles datent du début de l'aventure, même si elles doivent sentir le bison, elles sont comme des écrins dans lesquels je dépose mes pieds…

Je mange un peu de ce qui nous reste, je trouve quelques bouts de saumon, j'ai besoin d'un surcroît d'énergie car la situation a généré un peu de stress. Børge revient, il a trouvé un passage, appelle Aleks et Bengt, qui doivent se demander pourquoi nous ne bougeons plus depuis quelques heures. Eux aussi ont trouvé un passage. Allons-y, il faut de toute façon que je marche pour me réchauffer. Nous replions la tente, je recouds à la va-vite mon harnais et boucle tant bien que mal ma veste sans fermeture…

Avant de repartir, et parce que je pense être tiré d'affaire, il me faut absolument appeler mes filles. L'incident a complètement bouleversé mes priorités. J'avais envie de leur parler, j'avais besoin de leur dire que j'avais failli y laisser ma peau, je ne sais pas aujourd'hui si c'était la meilleure chose à faire. Sans doute avais-je besoin aussi de me réconforter. Sans doute avais-je besoin de m'entendre dire que j'allais tenir ma promesse, que j'allais rentrer à la maison. Même si c'était de justesse.

J'arrive seulement à joindre Annika. Elle me racontera plus tard que ce fut l'un des coups de fil les plus durs de sa vie. Je paraissais si exténué, si dépité me confia-t-elle, avec une forme de culpabilité autant que de vulnérabilité dans ma voix, qu'elle eut bien du mal à m'entendre. Lorsque nous avons raccroché, Annika a fondu en larmes. Rétrospectivement, je la comprends.

Sans doute a-t-elle senti qu'elle avait failli me perdre, sans doute s'est-elle dit que, au vu de ce que je venais de vivre, je pourrais un jour ou l'autre, ne pas m'en sortir… Aujourd'hui, je m'en veux encore de lui avoir inoculé cette angoisse qu'elle aura sans doute du mal à évacuer.

Nous repartons, Børge et moi d'un côté, Aleks et Bengt de l'autre. En parallèle, les uns et les autres. La largeur de la brèche s'est réduite, désormais une centaine de mètres à peine nous séparent. La glace a bougé, les passages aussi, ils ont disparu. Je n'en peux plus, je sors mon kayak et traverse sans plus attendre. Une fois arrivé de l'autre côté, je ne sais ni quoi dire ni quoi faire. Je ne suis pas perdu, je ne suis pas sauvé, je ne suis qu'un explorateur qui quitte un monde sauvage pour en retrouver un autre qui ne l'est pas moins. Presque gênés, engoncés dans nos costumes d'hommes des grands froids, on se serre tant bien que mal les uns les autres, on s'embrasse comme le feraient des chevaliers en armure, maladroits et déconnectés de leurs émotions. Je trouve le moment incroyable en même temps que désespérément triste. Børge arrive à son tour. Si le mot fin a un sens, il commence à s'écrire à cet instant…

Je suis gelé. Le vent diminue, je dois continuer de marcher vers le bateau, nous y allons tous ensemble, il est encore à une vingtaine de kilomètres, une distance trop longue pour la parcourir d'un trait. Il nous faudra une journée et demie, et donc un dernier instant de repos sous la tente.

Nous nous arrêtons après cinq heures de marche. Une courte nuit nous attend. Aleks et Bengt sont venus avec des victuailles. Dans un même élan, nous les refusons. Nous verrons plus tard, une fois à bord du *Lance*. Nous n'avons plus rien à nous mettre sous la dent mais ce geste est une forme d'hommage que nous rendons à notre expédition. De la tente d'à côté où nos deux sauveurs se sont installés montent des odeurs qui font frémir. Des relents de saucisse, de fromage, je sais qu'ils ont aussi du chocolat.

Nous ne voulons rien, nous nous endormons la faim au ventre, mais l'esprit enfin rassasié.

Après quelques heures, quelques premières images vidéo, nous repartons vers le *Lance*, pour notre dernière journée de marche. Nous avançons comme dans un songe, croisons quelques traces d'ours, apprenons qu'une mère et ses deux oursons se sont approchés du bateau, qu'ils ne sont sans doute pas si loin. Nous redoublons de prudence, sur le qui-vive, dans une ultime alerte : je ne saurais pas comment argumenter s'il fallait demander à une femelle furieuse l'autorisation de rejoindre le bateau venu nous chercher !

Les lumières s'agrandissent, pour la première fois depuis longtemps, nos ombres marchent derrière nous, comme une protection dont la nuit polaire avait effacé la présence.

Il est minuit lorsque nous arrivons devant le *Lance*. À une vingtaine de mètres de la coque dont l'avant a été soulevé par la glace, Børge et moi nous arrêtons pour un dernier geste. On se prend dans les bras, on se remercie mutuellement, notre histoire se termine plutôt bien.

Des applaudissements nous attendent, d'autres embrassades, d'autres retrouvailles. Étienne était là au départ, il est là à l'arrivée, il boucle ma boucle. Je repense immédiatement au début de l'aventure, j'ai encore peine à croire que nous sommes là, de l'autre côté. Charles est venu recueillir le récit de mon histoire pour un magazine. Mais je n'ai pas envie de partir tout de suite pour un entretien, il me faut un temps de réadaptation, je ne peux pas revenir parmi les humains comme ça, d'un claquement de doigts. Ce bateau va jouer le rôle de sas.

Tout à coup, c'est une scission entre nous et le matériel qui a accompagné notre exploit, l'immense valeur d'usage de nos luges disparaît soudain alors qu'une grue les monte sur le pont, un lien quasi ombilical se défait, une sorte d'étrange affection se volatilise. Je n'ai plus besoin d'elle, c'est fini. Je garde mon bonnet, ma veste, mes sous-vêtements, j'ai la sensation de ne plus avoir d'odorat, j'ignore la saveur du parfum des pôles. Nous venons de passer presque trois mois sans nous laver, même si, il y a deux jours encore, je me baignais dans les eaux glacées de l'Arctique : j'avais presque l'impression d'être Monsieur Propre.

On nous emmène dans la grande cuisine, les réactions ne trompent pas, personne n'ose s'approcher de nous, et ce n'est pas par respect. Notre odeur semble pestilentielle. Je m'en fous, nous sommes là pour manger, enfin. J'ouvre le frigo, il déborde de viande, de fromage, de desserts, de glaces. Ni luxe ni ostentation, juste de la nourriture.

Le cuisinier nous a préparé une soupe aux épinards crémeux, et puis un morceau de viande énorme. Nous remplissons nos assiettes, tout le monde nous regarde, incrédule. À peine les avons-nous terminées que nous en demandons une seconde. Des nappes en toile cirée, des chaises en plastique, de la chaleur, de la lumière, nous avions oublié.

Le capitaine descend nous saluer, on ressent une forme de soulagement général, des questions surgissent, l'excitation gagne petit à petit, l'ambiance vire à l'extraordinaire. Nous sommes bien, nous rions, nous chantons… Le commandant de bord nous précise que, pour l'instant, le *Lance* est coincé par la glace mais qu'à la prochaine marée haute nous repartirons vers le Svalbard.

Nous restons trois heures assis à table, en sortons le ventre tendu comme un ballon. Un dernier coup de rouge et direction la cabine, une douche, et quelques heures de sommeil.

Sur le lit, délicate attention, nos hôtes ont déposé quelques gâteries, du savon, du chocolat, des petites saucisses…

J'enlève mes habits, ce que je vois dans la glace me fait peur. Un estomac protubérant d'enfant mal nourri, mais plus grand-chose pour le porter. Je suis d'une maigreur extrême, mes muscles ont fondu, je vois mes côtes… Il me faudra probablement un an ou deux avant de retrouver tous mes moyens physiques, moins pour voir mon ventre dégonfler et mon estomac se réadapter à une alimentation classique. En attendant, je constate que j'ai des difficultés à monter les escaliers qui relient les trois étages du *Lance*. Il y a quelques heures encore, je tirais une luge, là j'ai l'impression qu'il va me falloir réapprendre à lever les genoux.

Je file sous la douche, j'avais oublié ce que signifiait ouvrir un robinet et voir couler un liquide clair dont la température est modulable. Délibérément, je me nettoie avec une eau qui ne doit même pas atteindre 10 °C. J'ai l'impression qu'elle est bouillante.

Une fois sec, je me glisse entre les draps, plus de sac en plastique, plus de sous-vêtements, plus de gouttelettes d'eau, plus de craquements suspects.

Je dors par intermittence, l'excès de confort nuit peut-être à mon sommeil. Les moteurs du *Lance* sont en marche, je regarde par le hublot, je les entends accélérer, mais le bateau ne bouge pas. Je crois que nous sommes encore coincés. Je me rendors, bercé par le doux ronronnement des machines.

Lorsque j'émerge à nouveau, le bruit des moteurs a cessé, je remonte sur la passerelle de commandement, le capitaine m'explique effectivement que le bateau est pris dans la glace, qu'il ne bouge pas, et même qu'il commence à dériver… Ses mots me parlent.

J'en profite pour appeler les filles, Jessica est déjà au Svalbard, avec Jacek, Laure et Bernard, sur *Pangaea*. Annika est en transit pour la rejoindre. C'est à elle que je parle en premier. Je sens la joie autant que les pleurs retenus, le spectre des émotions qui submergent la plus âgée de mes filles lorsqu'elle comprend que son père est vraiment sauvé. Alors que je parle et que je raconte les derniers moments vécus, la voix d'Annika semble me sourire, comme sourirait un enfant qui retrouverait celui qu'elle aime. Ses questions sont simples : « Comment vas-tu, Paps ? Comment te sens-tu ? » Mes réponses essaient d'être précises et positives, je parle de l'accueil à bord, du repas pantagruélique, de l'équipage aux petits soins, je répète que rien n'est plus fort que d'être là, vivant. Et puis, parce que Annika me demande de répondre à quelques questions pour RTL, je lui raconte nos dernières heures de cette expédition « engagée », dangereuse, osée du premier jour jusqu'au dernier, le bonheur de revenir en un seul morceau si je puis dire, avant de revenir sur l'acceptation progressive de la souffrance, la sensation de nos corps en jachère qui se sont mis à crier famine, cette volonté de rester vivant à tout prix, bien différente à mes yeux du combat à mener pour ne pas mourir. Parce que la première est un challenge à remporter, le second juste une réaction de défense. Notre discussion durera un bon quart d'heure, cela faisait longtemps que je n'avais pas autant parlé.

J'ai en tout cas la conviction que mon projet « Pole2Pole » est bouclé après trois ans d'enfer, mais je dis à Jessica que l'important maintenant est surtout de nous retrouver pour passer Noël ensemble.

Je ne croyais pas si bien dire.

« Je n'y crois pas, c'est la fin ! » chantait Annika au bout du fil.

Hélas, il était écrit que tout n'était pas encore terminé. Nous n'allons pas rentrer tout de suite, et cela va même nous prendre du temps avant que je puisse serrer mes deux filles dans mes bras…

La faute à la glace, encore et toujours qui, malgré nos efforts dérisoires, va progressivement enserrer le *Lance* ; je vous passe les détails, les matelots qui essaieront de découper la glace avec des tronçonneuses pour que le bateau puisse avancer jusqu'à une brèche située quelques centaines de mètres au-dessus, la nourriture qui s'amenuise parce que tout le monde pensait que l'affaire prendrait dix jours, pas plus, la célébration de Santa Claus puis de Noël, fêtes aussi importantes l'une que l'autre pour les Norvégiens, repas de fonds de tiroir, alcools tirés de sous les lits, rigolades, beuveries, chants et trous dans la banquise pour que l'on s'y jette… De grands moments. Je ne suis ni frustré ni fataliste, tout simplement heureux.

Toujours partagé entre ce que je venais de faire et ce que j'allais faire, j'étais bien. Ma patience, peu usitée depuis si longtemps, est à son maximum, j'aurais pu rester là longtemps, je m'en contrefichais, la nourriture était rationnée, nous n'avions plus droit qu'à un repas chaud par jour, mais c'était déjà bien plus que ce à quoi nous nous étions habitués…

Et puis un jour, une marée haute plus forte que les autres s'est installée avec la pleine lune, la glace a cassé sous le poids de l'eau, le *Lance* s'est défait de sa gangue, on a allumé les moteurs, le bateau a vibré, tremblé, puis bougé, tout le monde s'est mis à hurler…

Après une vingtaine d'heures à progresser dans une banquise de plus en plus fragile, puis dans des flaques de plus en plus grosses, nous avons retrouvé la pleine mer.

Sorti de sa prison de glace, le bateau a alors pu donner toute sa puissance et fendu les vagues avec autorité, nous étions sinon libres, du moins libérés.

Après un stop à Longyearbyen pour redéposer le kérosène chargé au cas où un hélico serait venu se poser et pour voir partir la plupart des Norvégiens, nous restons à bord, Étienne, Charles, Børge et moi. Jusqu'à Tromsø, où, le 30 décembre, je retrouve mes filles, Jacek et Laure, ainsi qu'une équipe de télé... D'abord je les invite à bord du *Lance*, je leur présente l'équipage, nous nous retrouvons autour d'un délicieux gâteau et puis nous partons pour remonter sur *Pangaea* qui, amarrée non loin, attendait le retour de son capitaine.

Le bonheur est multiple, c'est celui des retrouvailles, des accolades et des embrassades. Le soir même, en bons Suisses, nous déroulerons sur la grande table de la charcuterie, du fromage, des pommes de terre pour une raclette d'anthologie. À proximité, les bouteilles de vin se tiennent droites, et le chocolat profite de la situation pour me faire de l'œil...

En descendant du *Lance*, j'avais réalisé que Børge était bien seul, son épouse, retenue par son travail, n'avait pu, à son grand regret, rallier Tromsø. Personne n'était là pour l'accueillir... Les retours sur terre peuvent parfois être durs, surtout après une telle aventure. Je l'avais invité sur *Pangaea* et, une fois le succulent dîner derrière nous, nous avions montré quelques photos prises pendant l'expédition et raconté, en avant-première, quelques hauts faits de notre traversée.

Puis nous nous sommes couchés. Le lendemain, Børge partira rejoindre sa petite famille. Notre au revoir n'aura rien de spécial. L'aventure vécue en commun se situe bien au-delà d'une poignée de main, car nous savions bien d'où nous revenions. Là encore, les émotions ne se montrent ni ne se distinguent. Même par-delà le dernier regard que nous échangeons. Le respect mutuel et profond que nous professons l'un envers l'autre se moque des effusions de circonstance et des contingences sociales. Nous le savons, nous sommes bien deux frères. Et peut-être même plus que cela.

Une fois Børge reparti, nous continuons à nous rapprocher, à nous toucher, à nous embrasser, à nous féliciter.

Nous sommes une famille, un clan, une âme.

Le soir, puisque nous sommes désormais le 31 décembre, nous nous rendons dans un restaurant, un lieu dont j'avais presque oublié l'existence. Puis, de manière fort classique, nous irons contempler les feux d'artifice qui ponctuent en couleur cette étrange année 2019. Avant de rembarquer sur *Pangaea* et d'ouvrir quelques bouteilles de champagne sur le pont enneigé du bateau.

Le lendemain matin, afin de profiter des rares heures de soleil et surtout m'assurer qu'il existait toujours, je suis sorti avec Annika. Nous avons trouvé un café ouvert, commandé une grosse brioche à la cannelle (une spécialité scandinave) et rattrapé ce temps perdu entre un père toujours en partance et une fille toujours dans l'attente de le voir revenir.

C'était chose faite, nous méritions alors d'être heureux.

Mes filles, mes héroïnes

Alors que je referme doucement les souvenirs de mes dernières aventures, je ne voulais pas terminer ce livre sans parler d'Annika et de Jessica. Et du lien qui nous unit. Ne serais-je qu'un père qui n'a de cesse qu'il disparaisse pour vivre des aventures insensées ? Ou ne serais-je qu'un père qui a choisi, entre la présence et l'absence, de former ses filles à la responsabilité personnelle et à la liberté de choix qui doivent tous nous guider ?

On m'a souvent répété qu'un père était quelqu'un qui devait être là pour ses enfants. Mais quand il est là, que leur propose-t-il ? Et quand il n'est pas là, quelle latitude leur offre-t-il pour qu'ils, ou elles, puissent mener à bien leurs ambitions et leurs désirs ? Pour avancer dans leur propre vie, j'aimerais simplement qu'Annika et Jessica prennent en bandoulière ce qu'elles aiment de moi, qu'elles me pardonnent pour ce que je ne suis pas, que je reste à leurs yeux et malgré tout un exemple. Parce que le reste, mes défauts d'être humain, je peux encore essayer de les changer !

Mes filles ont grandi, elles approchent aujourd'hui de la trentaine, elles m'ont suivi comme leur mère, puis à la place de leur mère, elles m'ont accompagné, soutenu, au plus près de ma peau et de ma chair, cherchant sans cesse les solutions les plus pertinentes pour me permettre de progresser jusqu'aux buts que je m'étais fixés. Pour cela, mon amour pour elles va bien au-delà de l'éternité.

Désormais, je suis derrière elles. Et non plus devant. Le père montre la voie mais ne voit pas forcément ce qui se passe dans son dos, il est là pour guider, pas pour rattraper les chutes. Et puis un jour, il accepte de céder sa place. Une fois en retrait, il peut alors venir en aide à ceux qui tombent ou assurer leurs prises. Soutenir les idées, les désirs, les envies d'Annika et de Jessica, c'était d'abord leur donner une direction, puis les laisser avancer comme elles l'entendent.

Je ne suis plus leur boussole, je peux devenir leur gilet de sauvetage. À elles, avec leur personnalité, leur caractère, de trouver leur propre chemin... Il faut qu'elles aient la liberté de dire : « Je veux aller ici », de la même manière que j'ai toujours dit : « Je veux partir là. » Ce n'est pas une inversion des rôles, mais la simple transmission générationnelle d'une manière de vivre que j'ai toujours prônée et défendue.

Je suis là pour leur octroyer cette liberté que j'entends laisser en héritage. Je ne suis pas là pour leur dire, à l'une comme à l'autre : « Fais ceci, fais cela », car rien n'est plus faux que les conseils, les directives ou les reproches. Je veux être là pour les moments qui soudent notre amour familial, je veux juste qu'elles soient proches de moi lorsque l'un d'entre nous repartira, comme lorsque l'un d'entre nous reviendra.

On a pu me reprocher de ne penser qu'à moi, de porter en drapeau cet individualisme que je brandis fréquemment lorsque je m'éloigne, je m'en contrefous. Si mes filles arrivent un jour en me disant : « Écoute, Paps, on a adoré travailler avec toi, mais on a envie de faire quelque chose d'autre, on veut voler de nos propres ailes », je les écouterai, peut-être leur dirai-je de me laisser du temps pour m'arranger avec la situation, que je la digère, puis que je trouve des solutions pour les remplacer. Mais mes filles porteront toujours la responsabilité de leurs choix.

Est-ce que j'ai envie qu'Annika et Jessica me quittent ? Suis-je en droit de me poser cette question ? Car dans les rapports père-filles, je ne peux être à la fois celui qui leur donne les moyens de s'envoler et celui qui, en même temps, leur visse des chaînes aux pieds.

Quel que soit leur choix, de mon côté, je continuerai à ma manière. Remplissant le livre de mes aventures en en modifiant parfois l'intensité ou le but... Je n'ai plus vingt ans, mais il existe encore tant de choses que j'aimerais faire, et dans tant de domaines. Une fois rentré de mon périple arctique, par exemple et sans attendre, je me suis envolé vers un désert de sable pour enchaîner avec un rallye tout-terrain qui n'avait pas forcément grand-chose à voir avec mes précédentes aventures, mais qui était un nouveau challenge. Je m'étais engagé à être le copilote de Cyril Despres sur le Paris-Dakar 2020. Je l'ai rejoint à Djedda, en Arabie saoudite, où se disputait l'épreuve, après avoir dû gérer un petit différentiel de température, passant en quelques heures d'un délicat – 20 °C polaire à un + 40 °C désertique.

Mon corps n'a pas souffert, assimilant facilement de passer d'un désert de glace à d'immenses étendues de sable. La fournaise n'est pas un concept, évidemment, mais je sais gérer ce genre de sauts de température.

Nous n'avons pas terminé la course après avoir « donné » notre moteur à un jeune équipage espoir, mais surtout, nous avons commencé à réfléchir, Cyril et moi, à un nouveau projet, à la fois physique, sportif, technologique et durable : après une nouvelle participation en 2021 et une jolie dixième place, nous avons pensé à la conception d'un 4 × 4 doté d'un moteur à hydrogène susceptible de remporter l'épreuve en 2024.

Ce n'est pas l'endroit pour envisager un cours théorique sur cette énergie dont on pense qu'elle pourrait aider à la transition énergétique. Ni rapporter les discussions que nous menons depuis avec des partenaires potentiels, le sujet est d'importance et le dossier long à se constituer. Nous en reparlerons un jour, c'est une promesse.

Une fois la course terminée, ma vie « classique » a repris son cours. Je fourmille de projets… Pangaea *a été récemment remise en chantier du côté de Lorient, en Bretagne. Je veux que mon grand voilier soit prêt pour un nouveau tour du monde. Ce que j'aime avec* Pangaea, *c'est d'abord la liberté qu'elle me procure et que très peu de moyens de transport peuvent me donner aujourd'hui. C'est aussi, alors qu'une pandémie a restreint nos envies d'évasion et bridé mes désirs de repartir, le symbole d'une vie que j'entends retrouver.*

C'est enfin un bateau qui peut accueillir ceux et celles à qui une vie d'aventures fait de l'œil, ceux et celles à qui j'aimerais montrer à quoi ressemble mon quotidien d'explorateur.

C'est pourquoi j'ai décidé de retourner en Amazonie, à la fois pour retracer mes premiers pas d'aventurier, lorsque, en 1997, j'avais descendu le long fleuve à la nage, mais aussi pour y emmener à nouveau des jeunes, ainsi que des amis qui m'ont toujours soutenu. Il m'est interdit d'oublier qu'à un moment donné leur aide m'a été indispensable : c'est bien souvent grâce à eux que j'ai eu la possibilité de faire ce que j'entreprends depuis plus de trente ans.

J'aimerais leur rendre d'une autre manière le temps, l'amitié, le soutien dont ils m'ont ainsi fait cadeau. À travers des émotions que l'on ressentirait ensemble. Car une fois révisée et remise en ordre de marche, Pangaea *va traverser l'Atlantique. Pour retourner au Brésil, remonter à nouveau l'Amazone, puis explorer ces rivières inconnues qui se jettent dans le grand fleuve. Et puis, parce que s'arrêter n'est pas envisageable, nous descendrons sans doute un peu plus tard en Patagonie, pour côtoyer les glaciers qui frangent de leur puissance les fjords du Chili. Mais j'aimerais naviguer plus loin encore, et aller reposer le pied sur la péninsule antarctique. Là-bas, je n'ai pas eu l'opportunité de voir tout ce que je voulais.*

L'endroit est magique, accessible à peu d'êtres humains, même si aujourd'hui des voyages sont parfois organisés pour que des touristes viennent constater la beauté d'un monde perdu, sans se rendre compte des dégâts que les croisières de masse et de luxe auxquelles ils participent occasionnent dans ces régions jusqu'alors inhabitées et donc préservées.

En général, ce type de bateau navigue toujours dans les mêmes endroits. Avec Pangaea, *nous comptons aller ailleurs, là où je le déciderai, en menant de petites expéditions que je n'ai jamais eu le temps de faire, pas seulement parce que mes sponsors et mes partenaires les trouvaient moins intéressantes ou plus techniques que mes grandes traversées, mais parce que ce sont des aventures fortement chronophages. Escalader des sommets en Antarctique doit sans doute être fort en émotions, mais pas visuellement génial pour un partenaire.*

Peu importe, je vais prendre le temps de le faire, en protégeant puis en racontant l'environnement, ses mutations, ses dérives et les craintes que nous voyons émerger désormais. En conservant cette part de liberté qui m'est si chère. Sans que personne interfère dans mes choix…

Ce n'est pas une fuite, plutôt un cheminement. En même temps qu'une forme de retour vers un état de nature, car plus je progresse dans ma compréhension du monde, plus j'aime me rapprocher de la simplification des échanges et des rencontres. Vers ce troc qui préexistait à notre économie de marché. « J'ai un poisson, tu as des fruits, je te donne l'un, tu me donnes les autres. » Revenons aux choses simples, oublions l'argent, le chauffage au sol, l'eau qui s'écoule des tuyaux. Le luxe ne m'a jamais rien apporté, il m'a fait devenir plus dépendant, donc plus faible. Ce que je dis n'a rien d'extrémiste, on me rétorquera d'ailleurs que je porte bien des vêtements, ou que je chauffe ma maison, c'est vrai. Mais je ne suis jamais aussi heureux que lorsque je n'ai pas besoin d'ouvrir un robinet, que je peux me désaltérer en faisant fondre un peu de neige.

La vie que nous menons depuis des siècles, malgré les progrès que je ne peux nier, a transformé les animaux que nous étions en tristes bestiaux, addicts au confort et au luxe.

Retrouvons-nous dans une forme de liberté, ou reconquérons-la...

Quand je pêche un poisson, même s'il est un petit peu contaminé maintenant par les microrésidus de plastique qui circulent dans nos océans, c'est la nature qui m'en fait cadeau. Je le perçois en tout cas comme cela, à la manière des Esquimaux : les Inuits m'ont souvent confié que lorsqu'ils capturaient une baleine, ils considéraient cela comme un don, c'est comme si l'animal s'offrait à eux. Et puis, une fois qu'il est mangé, ce même animal, d'une manière ou d'une autre, transforme l'être humain, en le rendant peut-être plus fort, plus rapide, plus agile, parce que mieux nourri.

Ainsi fonctionne cette nature que j'affectionne et que je n'entends pas perdre. Parce que la nature n'est jamais hostile, je l'ai compris depuis longtemps, j'en demeure persuadé. L'homme, en revanche...

Mais c'est une autre histoire !

Remerciements

Parce que la famille et les amis sont à la fois ma boussole et mon cap, et même si mes mots sont de peu de poids face à l'émotion qui m'étreint quand je pense à tout ce qu'ils font pour moi, merci à : Annika et Jessica Horn, Kathleen King, Børge Ousland, Peggy et Jeff Darling, Émilie Pastor, Frederik Paulsen, Marc Albisser, Etienne Claret, Neil Harvey, Ben Falloon, Zoltan Varga, Alan Cloete, Andrew Reynolds, Franck Giovannini, Tony Buckingham, Torbjørn et Sigve Grimstad.

Je remercie également mon équipe de choc, Patricia et Laura Favre, pour leur présence et leur aide précieuse.

Un grand merci aux membres de l'équipage *Pangaea*. Chers amis, les mots me manquent mais sachez que, sans vous, l'aventure n'aurait pas la même saveur ! Et bien plus, vous le savez ! Alors, merci à Bernard Stamm, Jacek Proniewicz, Laure Berthonneau, Felix Hsu et Sebastian Gericke. J'ai hâte de vous retrouver à bord !

Parce que la créativité des artistes marche main dans la main avec l'accomplissement des rêves, merci à l'équipe créa et artistique pour ses images, ses drones, ses films, et… son soutien au bout du monde : Étienne Claret, Dmitry Sharomov, Stein Retzlaff, Santino Martirano, Charles Audier, Matthieu Rocolle, Lucas Hauchard et Ary Hipolito.

Parce qu'il n'est nulle aventure qui ne se prépare, un immense merci à mon équipe logistique qui n'a de cesse de rendre l'impossible possible : Viktor Boyarsky, le capitaine et l'équipage du *Lance*, Knut Espen Solberg, Aleksander Gamme, Bengt Rotmo, Lars Ebbesen et Troy Henkels. Vous êtes fantastiques !

Je remercie mes partenaires pour leur soutien et leur accompagnement sans faille : Panerai, Speedcast, Swiza, Scott et Helsport.

Enfin, ma gratitude et mes remerciements vont à toutes les personnes qui m'ont aidé à rendre cet exploit possible, ainsi qu'à tous ceux qui m'ont soutenu de près comme de loin ! Merci à tous !

Table des matières

Prologue 11

ÎLE FANTÔME EN MER DE CHINE
1 – Ne céder ni à la menace ni à la pression 29
2 – Toujours trouver des solutions 39
3 – Sauver *Pangaea* 47
4 – « Chercheur de solution alternative » 57

À L'ASSAUT DU K2
1 – Ne pas avoir peur de recommencer, ne jamais se décourager 75
2 – Rester en vie, c'est savoir reconnaître la supériorité de l'adversaire 87
3 – Voir la réussite à venir dans l'échec (relatif) du moment 103

LA TRAVERSÉE DU PÔLE NORD
1 – Ne rien laisser au hasard 123
2 – Pas d'aventure arctique sans bon équipage 133
3 – À deux on est meilleurs 143
4 – Visibles ravages du réchauffement 159

5 – Arctique en danger 177
6 – Innover pour se protéger 191
7 – Le moindre détail peut être fatal 205
8 – Impossible retour à la civilisation 223
9 – Un enfer de glace 231
10 – À un degré et demi 241
11 – Y croire 251
12 – Si le mot fin a un sens… 261

Remerciements 283

Imprimé en France par CPI
en août 2022
N° d'impression : 3049022

La photocomposition de cet ouvrage
a été réalisée par
GRAPHIC HAINAUT
76, rue de Nancy
59100 Roubaix

Pocket – 92 avenue de France, 75013 PARIS

S32723/01